CALCULEZ VOTRE QI

Marc Stern

First Editions

Maquette de couverture et maquette intérieure : Vision Unit

ISBN 2-87691-754-8
Dépôt légal : 2e trimestre 2003
Imprimé en Italie

Nous nous efforçons de publier des ouvrages qui correspondent à vos attentes et votre satisfaction est pour nous une priorité. Alors, n'hésitez pas à nous faire part de vos commentaires :

Éditions Générales First
27, rue Cassette
75006 Paris – France
Tél : 01 40 21 46 46
Fax : 01 40 21 46 20
e-mail : firstinfo@efirst.com

En avant-première, nos prochaines parutions, des résumés de tous les ouvrages du catalogue. Dialoguez en toute liberté avec nos auteurs et nos éditeurs. Tout cela et bien plus sur Internet à : www.efirst.com

SOMMAIRE

Introduction 4

Comment mesurer votre QI ? 6

Exemples 8

Solutions des exemples 13

Session 1 : 40 problèmes 18

Session 2 : 40 problèmes 48

Solutions de la Session 1 78

Solutions de la Session 2 113

Votre QI 148

Où vous situez-vous? 151

15 trucs pour stimuler vos neurones 152

INTRODUCTION ...

Passer un concours, décrocher un job, faire un bilan de compétences... Aujourd'hui, le quotient intellectuel fait souvent la différence. 63 % des grandes entreprises et des cabinets de recrutement ont, par exemple, systématiquement recours aux tests d'intelligence pour embaucher. Bref, avec un mauvais QI, vous pouvez être relégué dans des écoles de troisième catégorie, coincé dans des postes sans avenir ou carrément exclu de la compétition. Mais il n'y a pas de fatalité. Même quand on a un QI un peu maigre, on peut lui faire suivre un régime sumo.

Qu'est-ce que le QI ? Essentiellement, une cotation de l'intelligence logique (définie comme l'aptitude à analyser et structurer des ensembles rationnels) où les scores réalisés dans des épreuves standard sont comparés aux scores de la population générale (classée selon sept niveaux intellectuels).

Mais l'intelligence, ce n'est pas seulement la capacité de raisonner abstraitement et de résoudre des problèmes logiques, c'est aussi une aptitude mentale qui implique de prévoir, d'appréhender intuitivement des idées ou des situations complexes, d'apprendre rapidement et de tirer profit de l'expérience. Elle reflète la capacité, plus profonde, de comprendre notre environnement, de donner un sens aux choses et d'imaginer des solutions pratiques. Bref, on peut très bien avoir un QI faible ou moyen sans pour autant être un crétin.

Cela dit, définie comme une aptitude logique, l'intelligence peut être mesurée, et les tests de QI la mesurent bien. Ceux qui vous sont proposés dans ce livre sont formatés aux normes internationales. Les problèmes présentés (combinaisons de dominos, de chiffres et/ou de lettres, de cartes, de graphiques) sont ceux qui sont habituellement employés pour évaluer le niveau intellectuel.

COMMENT MESURER VOTRE QI ... ?

Ce programme d'évaluation est conçu pour vous permettre de calculer votre QI d'une manière rapide et fiable.

Il se déroule en deux sessions précédées d'une série d'exemples. Chaque session est composée de **40 problèmes** que vous devez résoudre en **26 minutes** en respectant strictement les consignes suivantes :

- Vous devez tout faire de tête (donc pas de calculette ou de stylo... sauf pour noter vos réponses).
- Vous avez 26 minutes pour résoudre 40 problèmes, pas une de plus.
- Vous avez le droit de faire une pause entre les deux sessions (de quelques minutes à plusieurs heures), mais vous devez impérativement finir les deux sessions avant de regarder les solutions.

Pour mettre toutes les chances de votre côté

- Prenez vos dispositions pour ne pas être dérangé (par vos proches, la sonnerie du téléphone, etc.) pendant que vous faites les choses.
- Programmez une alarme pour ne pas perdre de temps en regardant votre montre.
- 26 minutes par session, c'est **39 secondes en moyenne par problème**. Ne bloquez pas quand vous « séchez » : passez au problème suivant. S'il vous reste du temps, vous pourrez revenir en arrière pour compléter.
- Ne paniquez pas si vous « séchez » souvent. Il est impossible de résoudre tous les problèmes dans le temps imparti.

EXEMPLES

Voici quelques exemples du type de problèmes que vous trouverez dans les pages suivantes. Prenez votre temps pour bien les étudier et comprendre les règles logiques mises en œuvre.
Les consignes sont celles que vous devrez appliquer ensuite.

Les combinaisons de dominos

Chaque dessin représente un groupe de dominos, le nombre de points sur chaque moitié d'un domino pouvant varier de 0 à 6.

Observez chaque groupe et trouvez la valeur du domino manquant (notez les chiffres correspondant à ce domino).

1

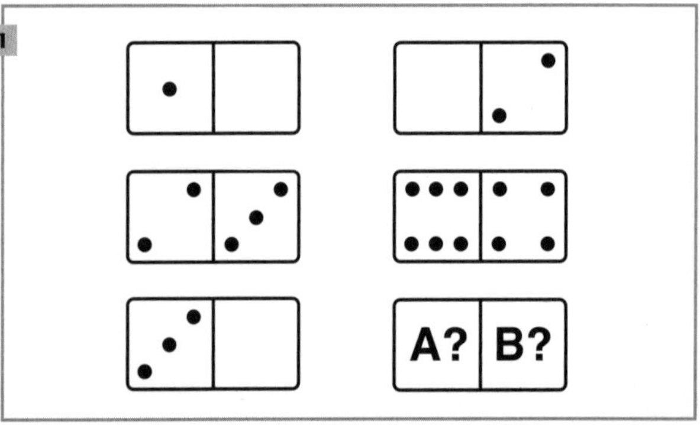

2

Les séries de chiffres et/ou de lettres

Chaque série représente une suite de chiffres ou de lettres ou de combinaisons de chiffres et de lettres.

Analysez chaque série et complétez-la.

1	1	3	2	4	3	5	**?**
2	BF	CG	DH	EI	**?**		
3	11A	12B	22D	24H	26**?**		

Les combinaisons de cartes

Chaque ensemble représente une configuration de cartes. Les cartes à découvrir se déduisent de l'organisation des autres cartes ; ne tenez pas compte du ou des jokers éventuels.

Observez chaque groupe et trouvez la carte manquante (notez sa valeur et sa couleur).

1

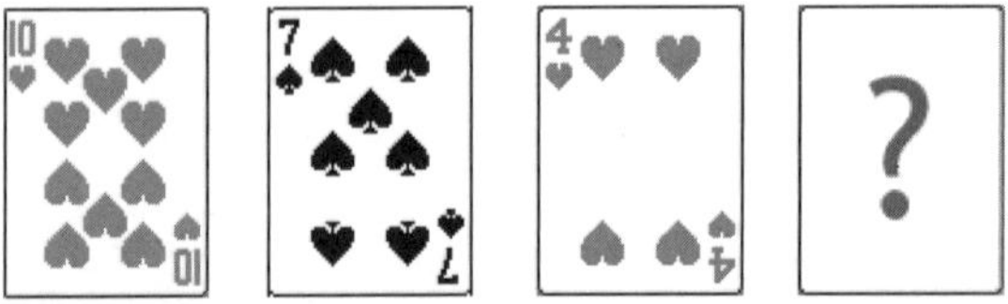

2

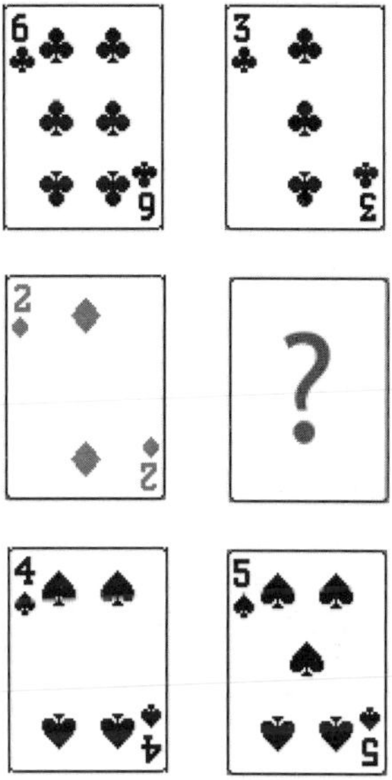

Les séries graphiques

Chaque planche présente six dessins alignés trois par trois ; le neuvième, dans le coin droit inférieur, étant absent.

Complétez en choisissant parmi les six dessins proposés.

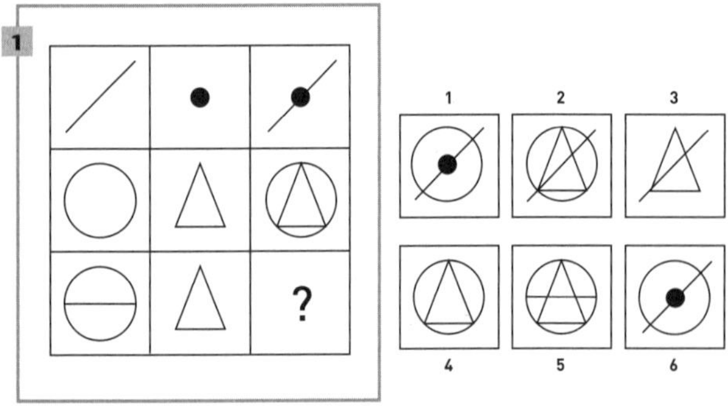

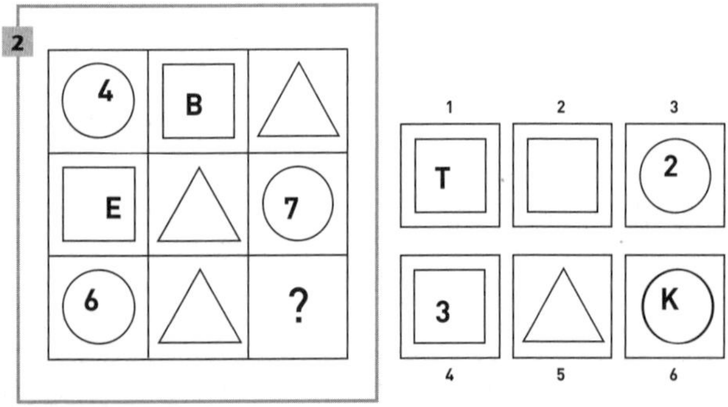

SOLUTIONS DES EXEMPLES

Les combinaisons de dominos

1

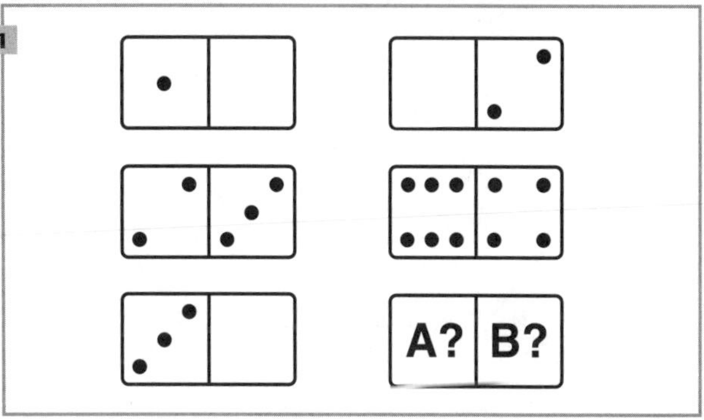

Solution : **0/6**

Sur chaque ligne, la valeur du deuxième domino s'obtient de la façon suivante : pour la moitié gauche, en multipliant les valeurs des dominos précédents :

1 x 0 = 0 ; 2 x 3 = 6 ; 3 x 0 = **0**;

et pour la moitié droite, en multipliant la valeur gauche du domino précédent par 2 :

1 x 2 = 2 ; 2 x 2 = 4 ; 3 x 2 = **6**.

2

Solution : **2/6**

En partant du haut, les 6 alternent, une fois à l'extérieur, une fois à l'intérieur. À partir du 6 bas, c'est une progression décroissante qui « saute » chaque fois une valeur : 6 (0) 1 (2) 3 (4) 5 (6) 0 (1) 2.

Les séries de chiffres et/ou de lettres

1	1	3	2	4	3	5	**4**

Solution : **4**

C'est une progression de l'ordre +2, -1 :

1 (+2 =) 3 (-1 =) 2 (+2 =) 4 (-1 =) 3 (+2 =) 5 (-1 =) **4**.

2	BF	CG	DH	EI	**FJ**

Solution : **FJ**

Les lettres de gauche et de droite forment deux suites alphabétiques distinctes :
B, C, D, E... **F** et F, G, H, I... **J**.

3	11A	12B	22D	24H	26**L**

Solution : **L**

Dans chaque groupe, le produit des chiffres indique la place de la lettre dans l'alphabet : 2 x 6 = 12 = **L**, 12e lettre.

Les combinaisons de cartes

1

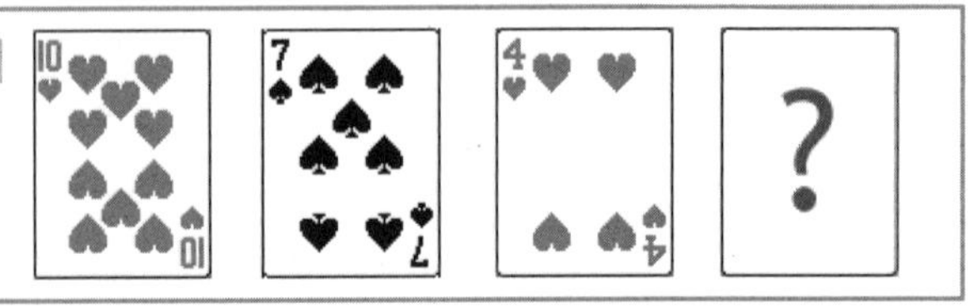

Solution : **As de pique**

Suite décroissante de valeur 3 avec alternance cœur/pique : 10 (-3 =) 7 (-3 =) 4 (-3 =) **1**.

2

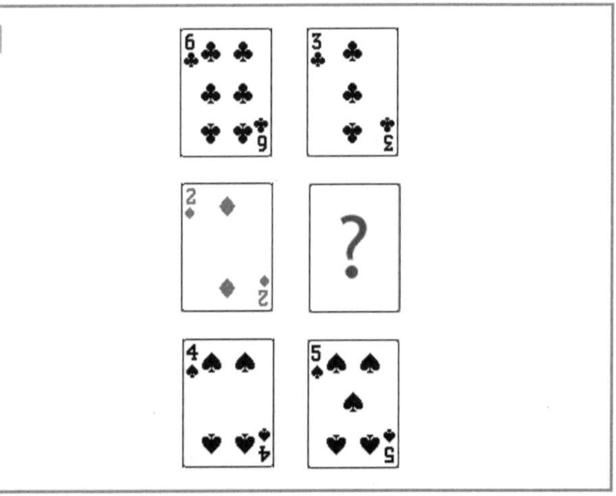

Solution : **Sept de carreau**

Même couleur sur chaque ligne et somme égale : 6 + 3 = 9, 2 + 7 = 9, 4 + 5 = **9**.

Les séries graphiques

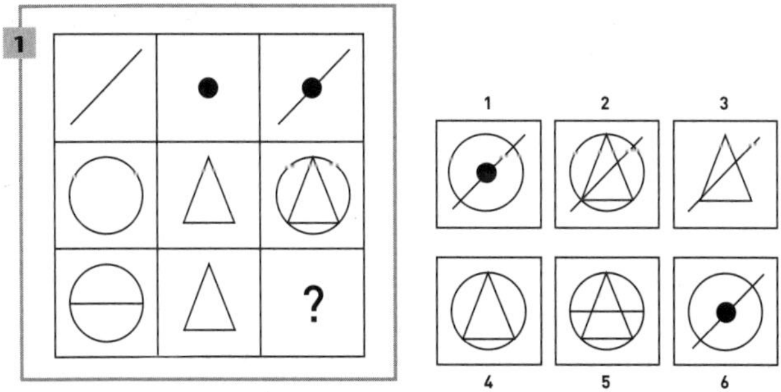

Solution : **5**

La troisième figure de la dernière ligne s'obtient en superposant les deux précédentes.

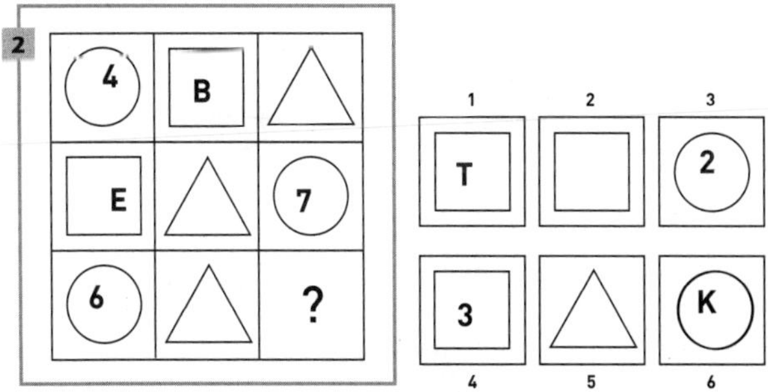

Solution : **1**

On retrouve sur chaque ligne les trois mêmes figures (cercle, carré, triangle) dans un ordre différent, et une fois un chiffre, une fois une lettre.

SESSION 1 : 40 PROBLÈMES ...

26 minutes

Problème 1

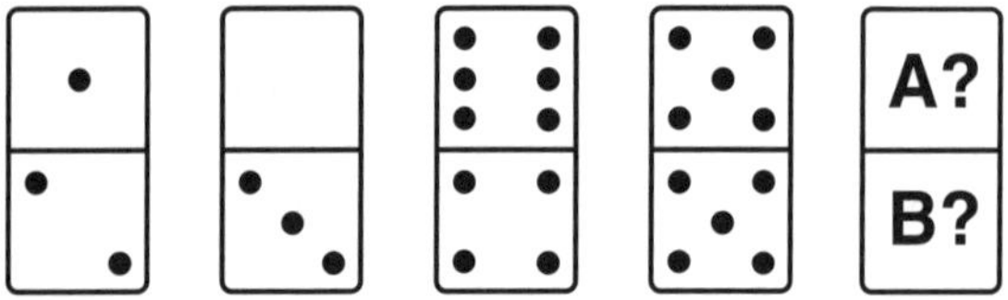

Problème 2

1 3 5 7 11 ?

Problème 3

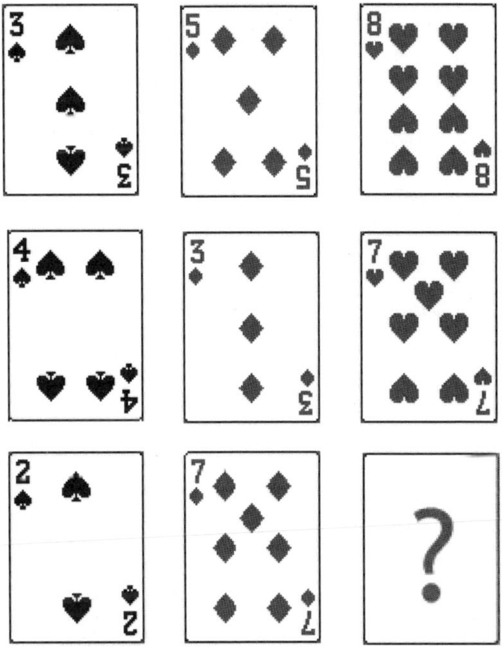

Problème 4

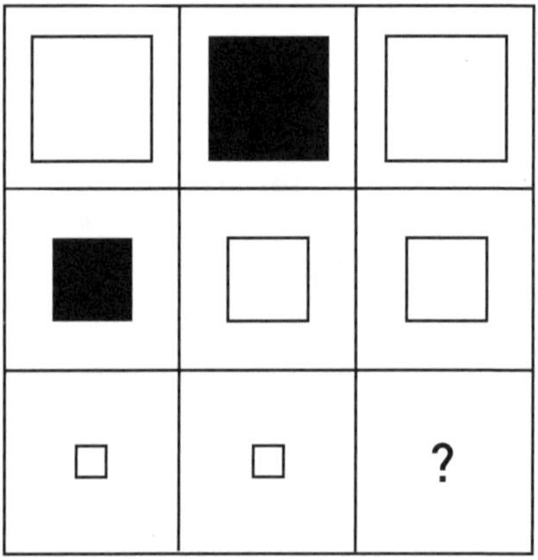

1 2 3

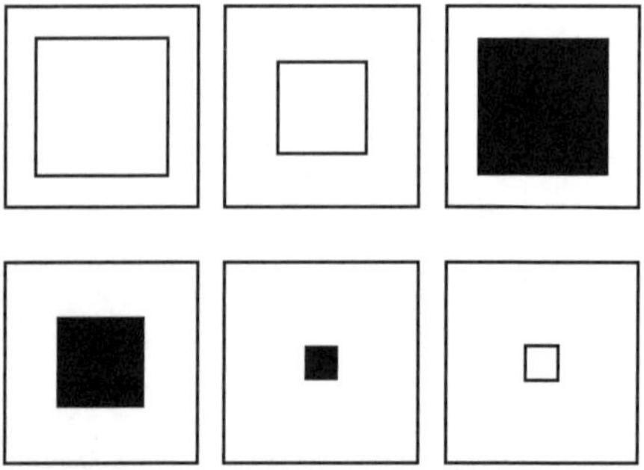

4 5 6

Problème 5

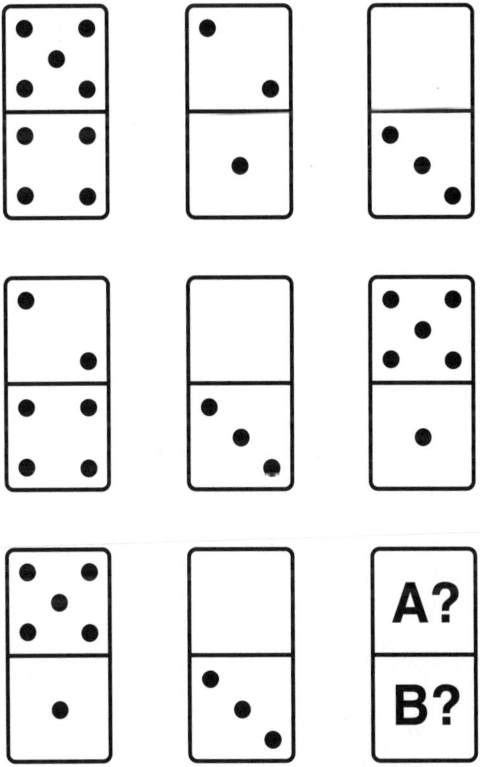

Problème 6

A E I M ?

Problème 7

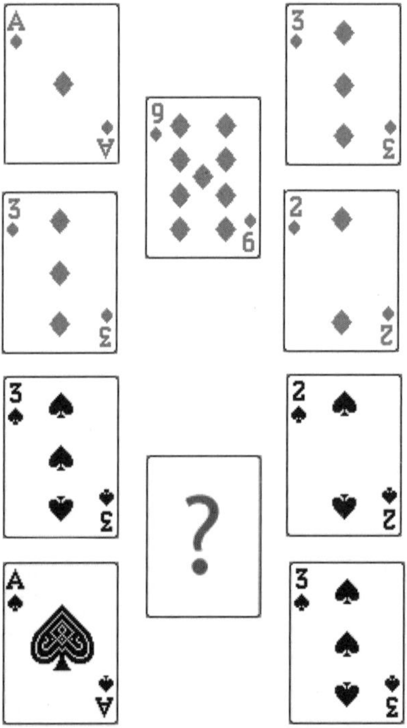

Problème 8

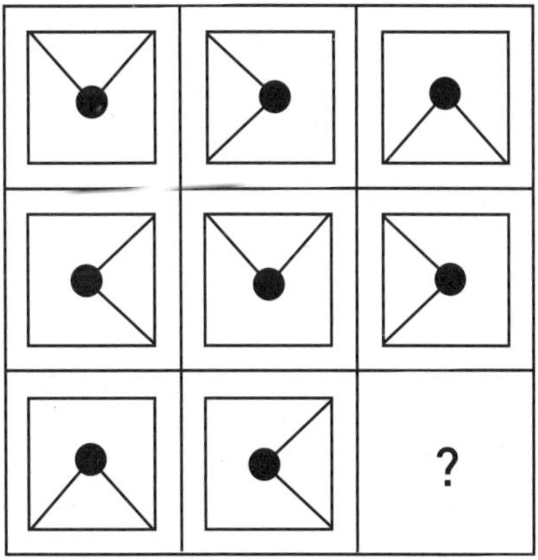

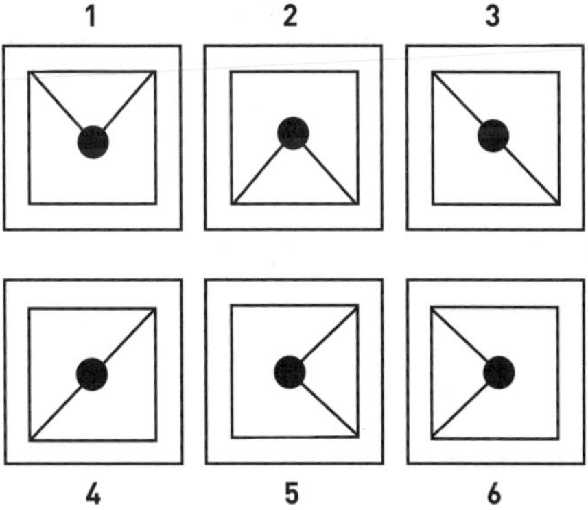

Problème 9

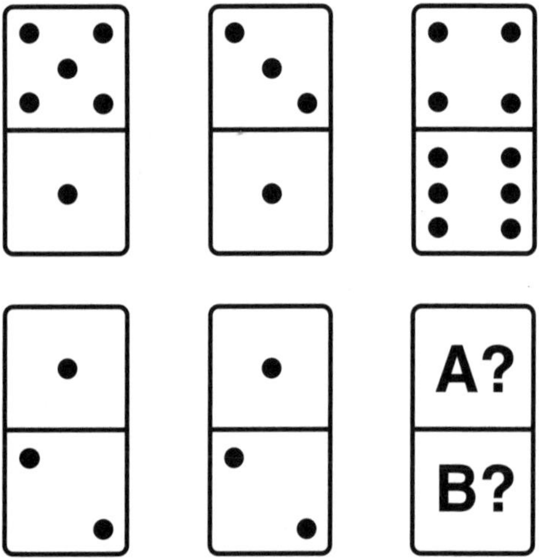

Problème 10

1 4 9 16 ?

Problème 11

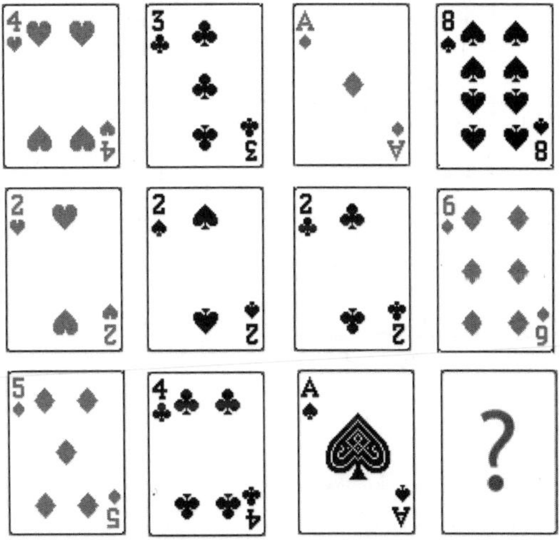

Problème 12

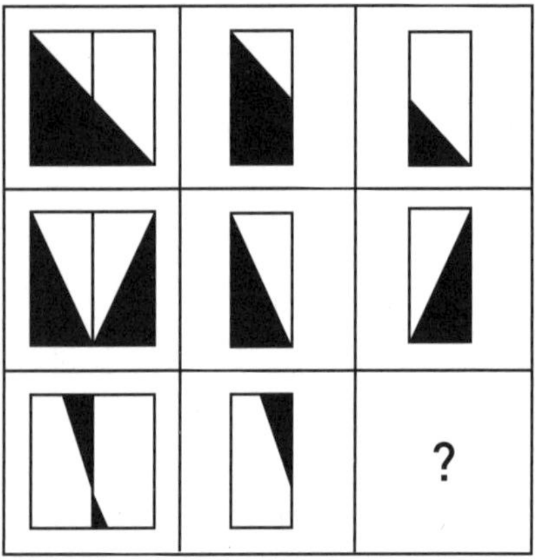

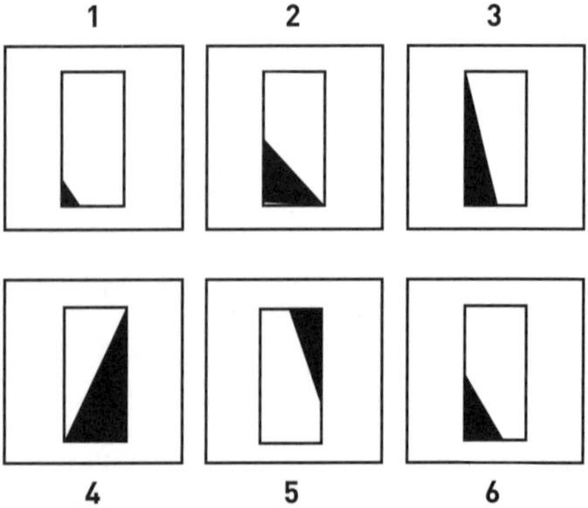

Problème 13

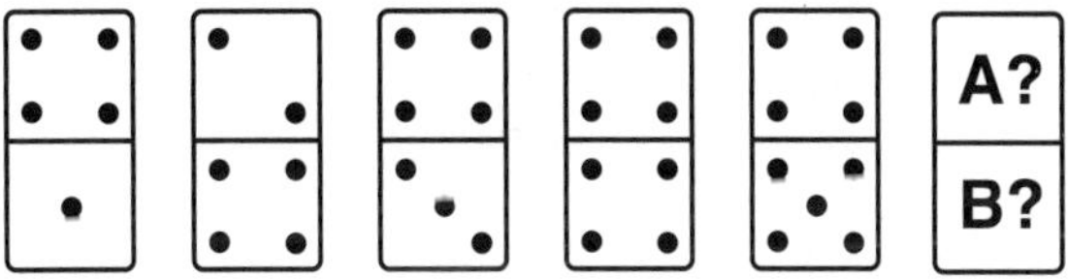

Problème 14

Z W T Q ?

Problème 15

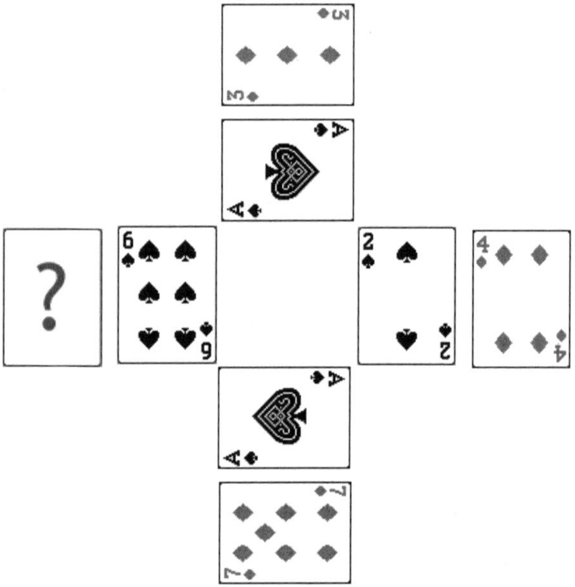

Problème 16

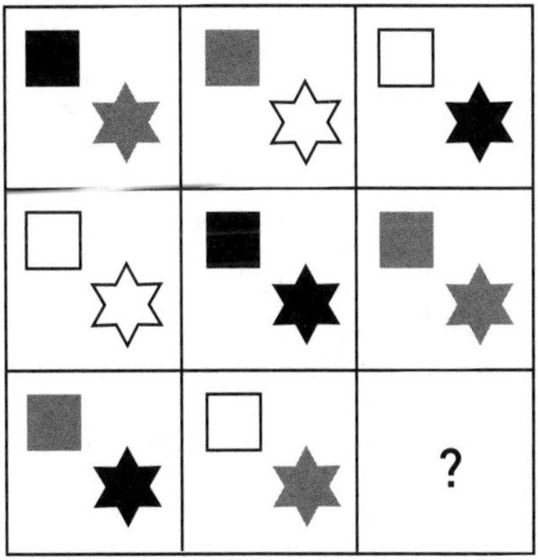

1

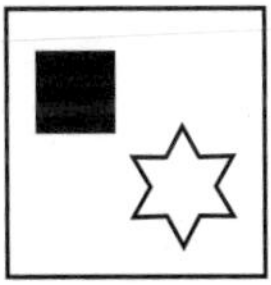

2

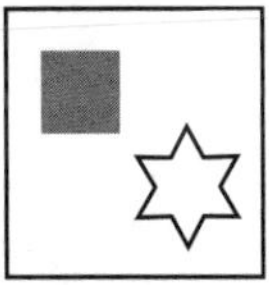

3

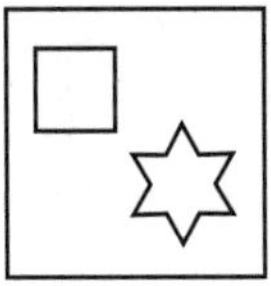

4

5

6

Problème 17

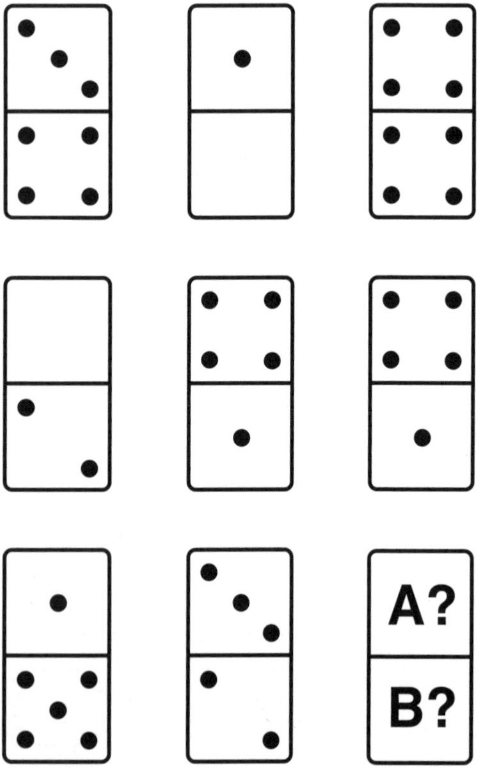

Problème 18

A2 E5 I8 M11 **?**

Problème 19

Problème 20

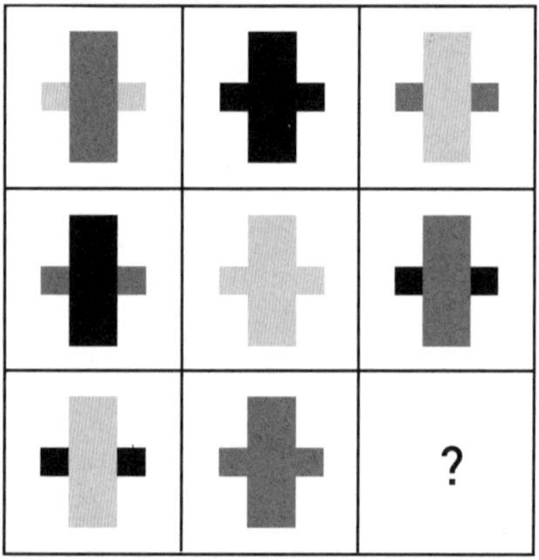

1 2 3

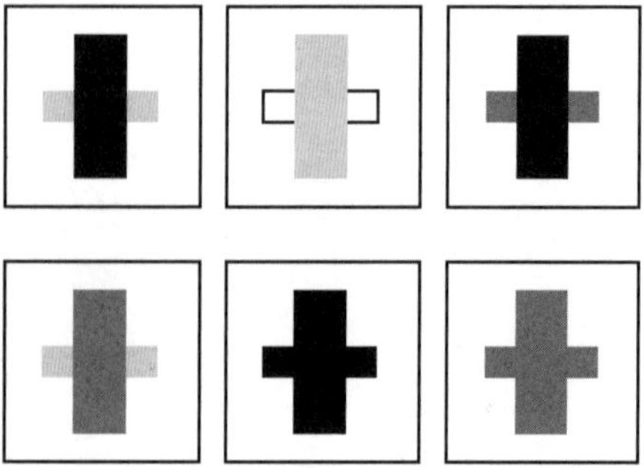

4 5 6

Problème 21

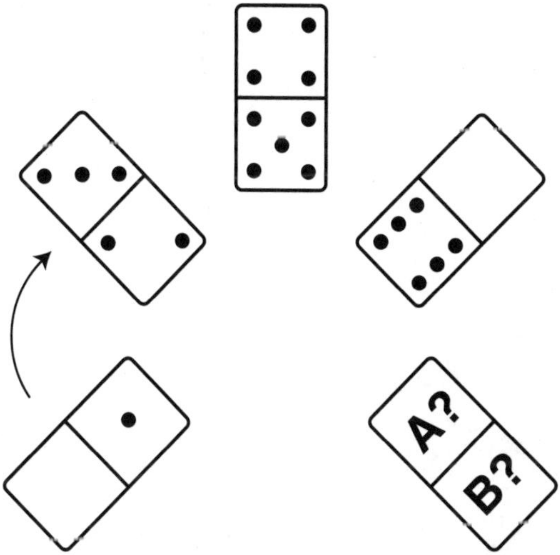

Problème 22

2 4 3 9 8 **?**

Problème 23

Problème 24

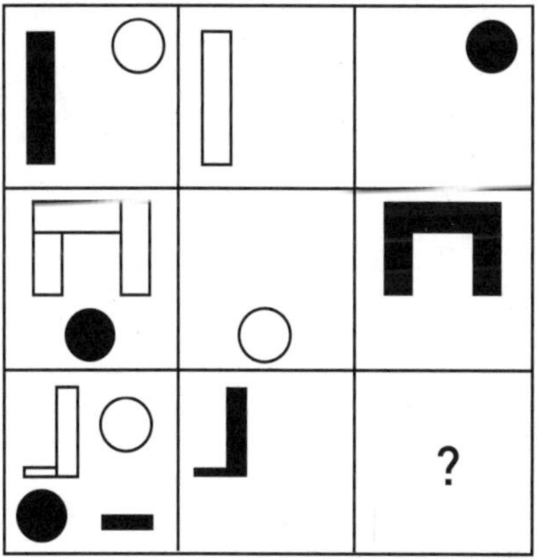

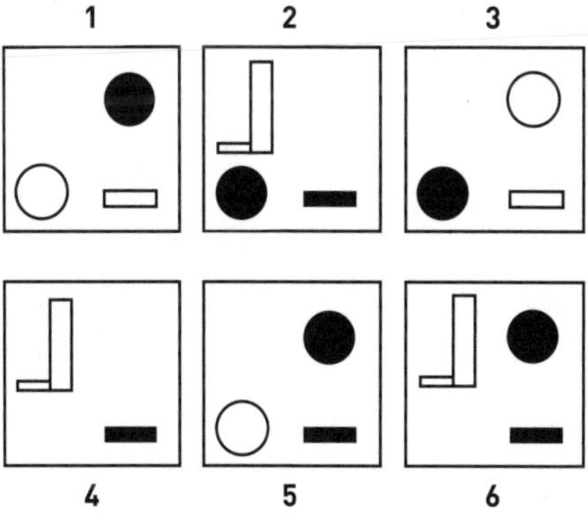

Problème 25

Problème 26

Y P I D ?

Problème 27

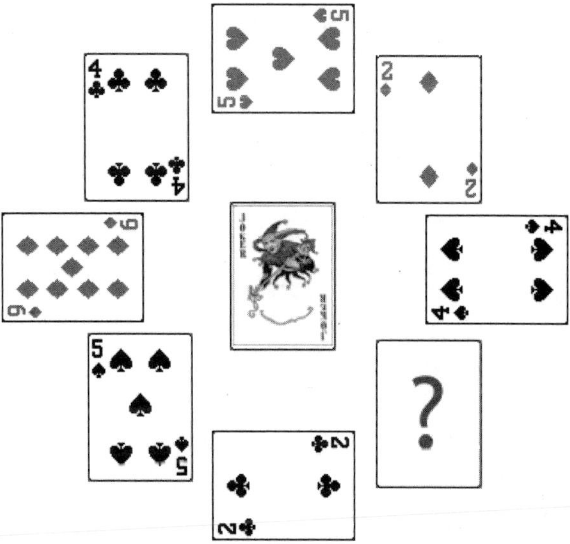

Problème 28

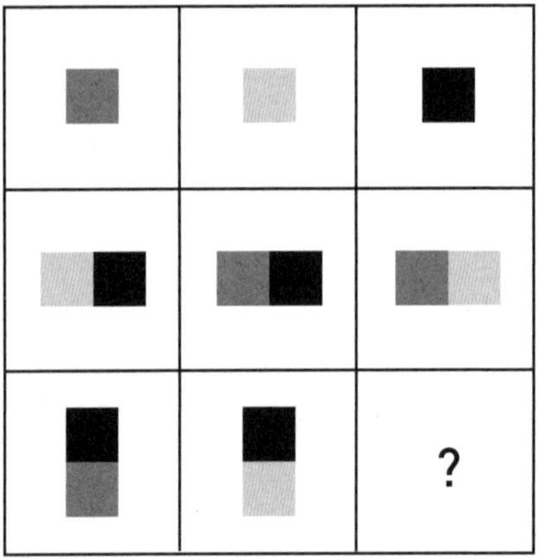

1 2 3

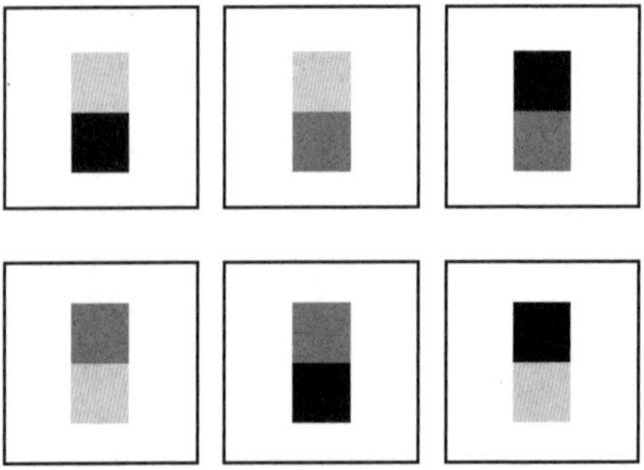

4 5 6

Problème 29

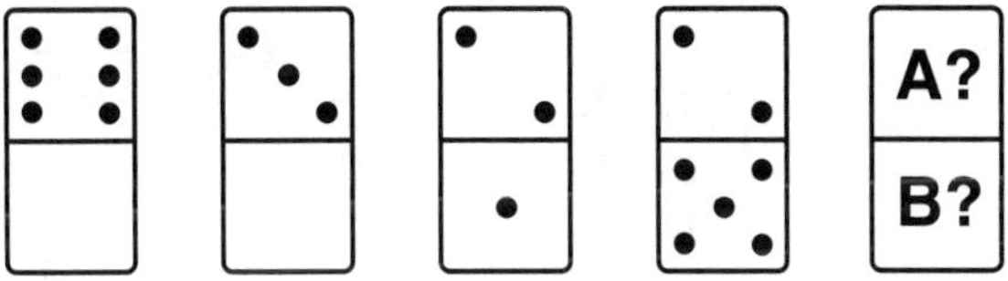

Problème 30

Z25 T16 O9 K4 ?

Problème 31

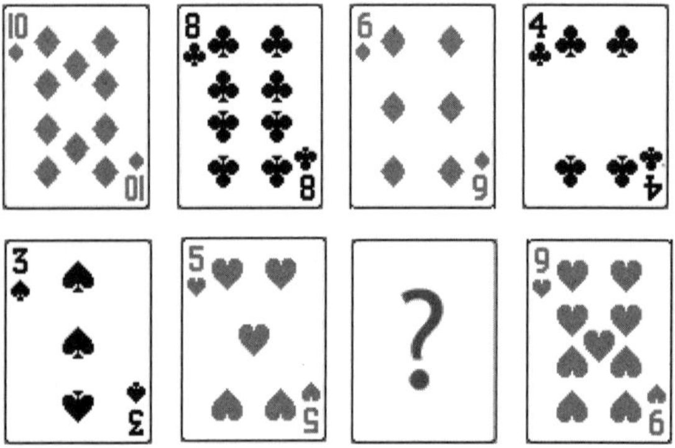

Problème 32

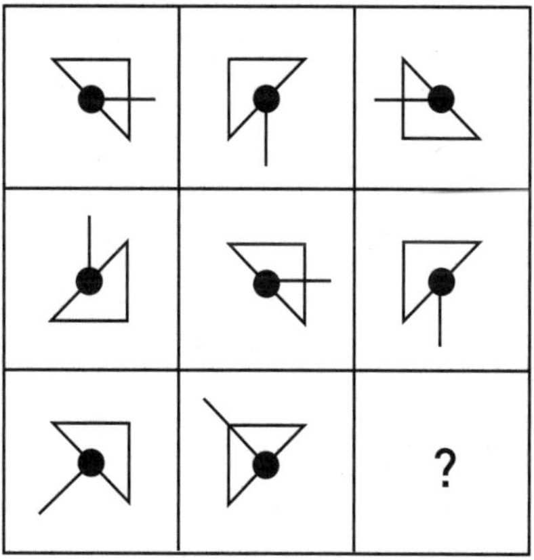

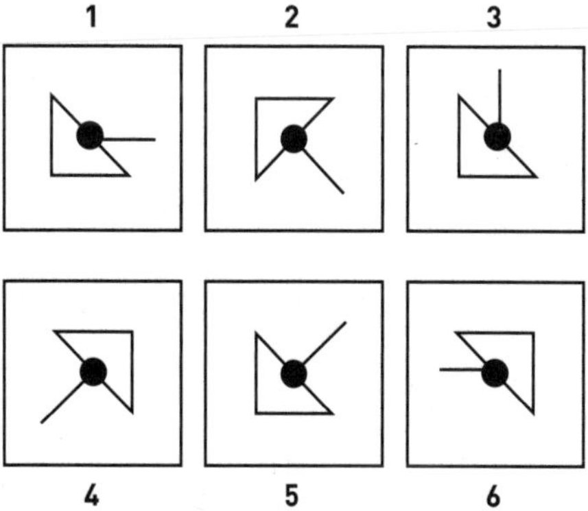

Problème 33

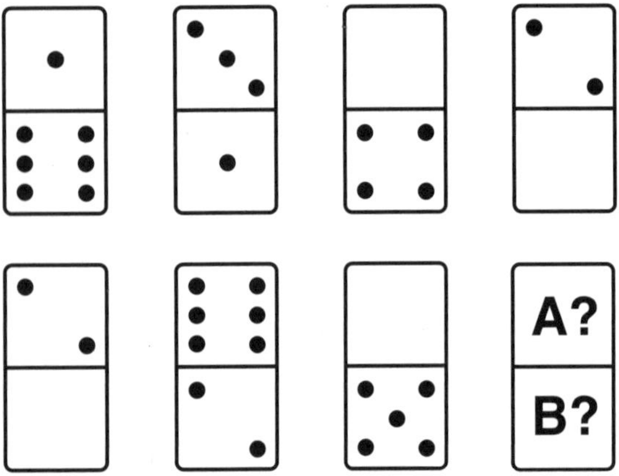

Problème 34

0 18 100 ?

Problème 35

Problème 36

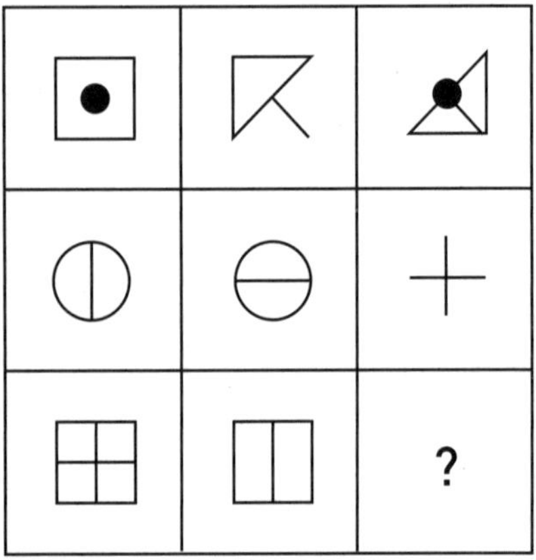

1 2 3

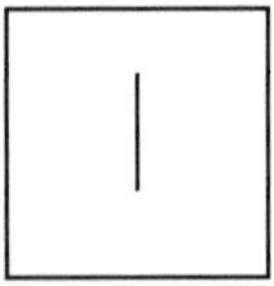
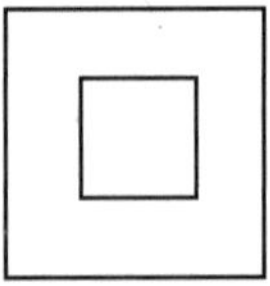
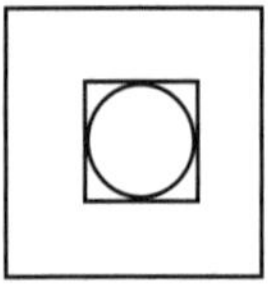

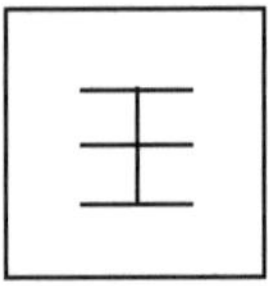

4 5 6

Problème 37

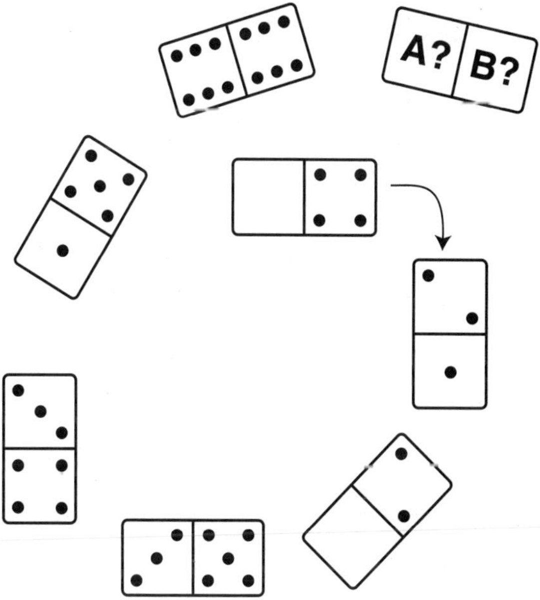

Problème 38

W	R	L	G	**?**

Problème 39

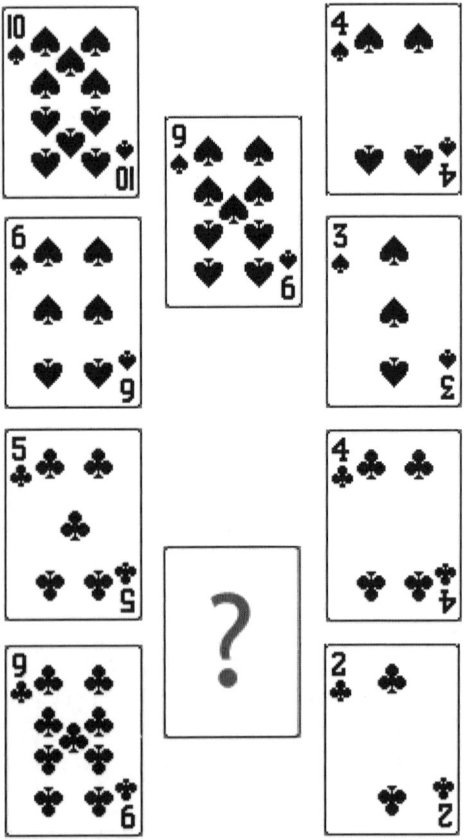

Problème 40

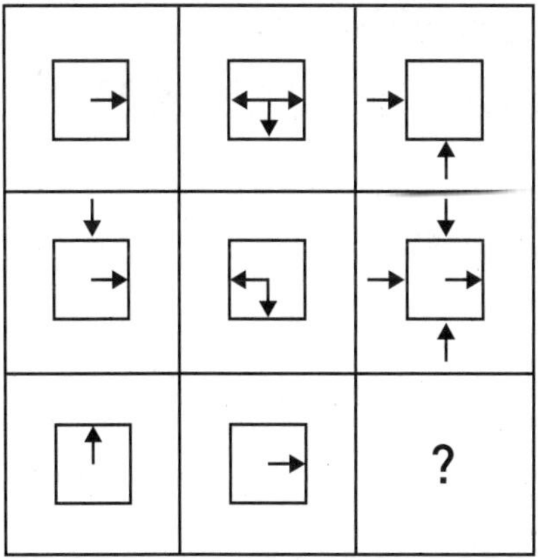

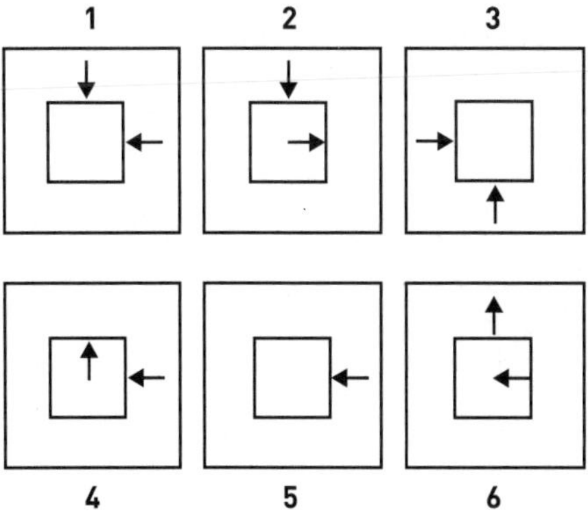

SESSION 2 : 40 PROBLÈMES ...

26 minutes

Problème 1

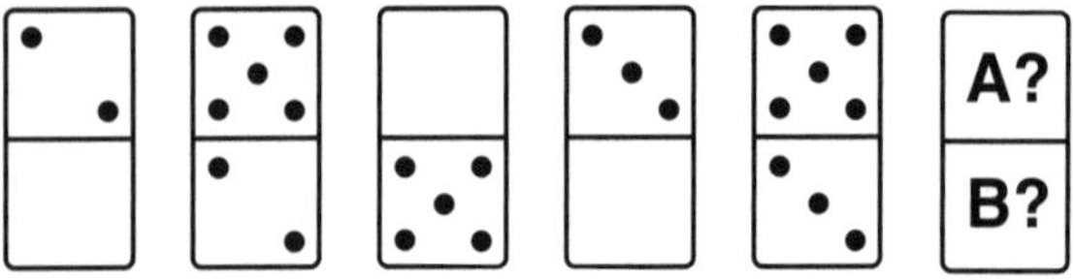

Problème 2

2 3 2 5 4 7 4 ?

Problème 3

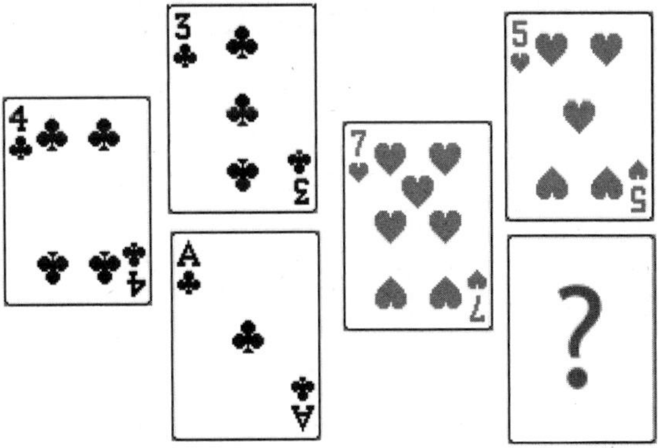

Problème 4

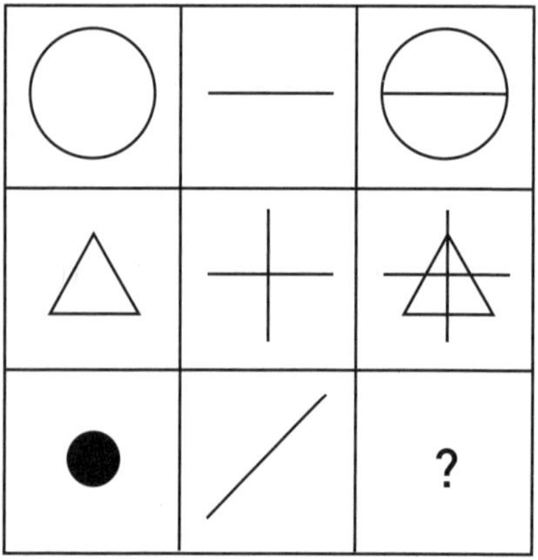

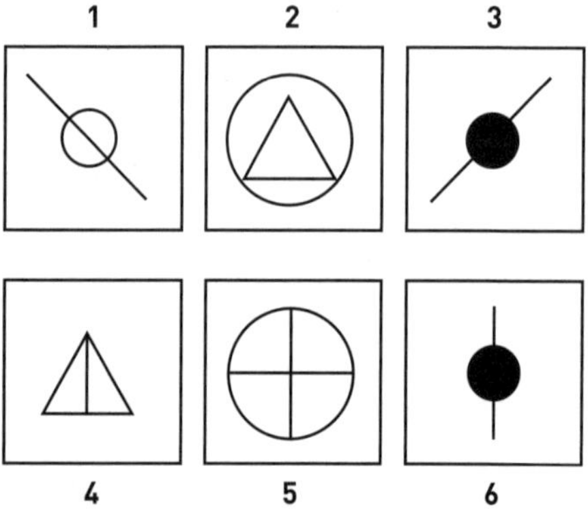

Problème 5

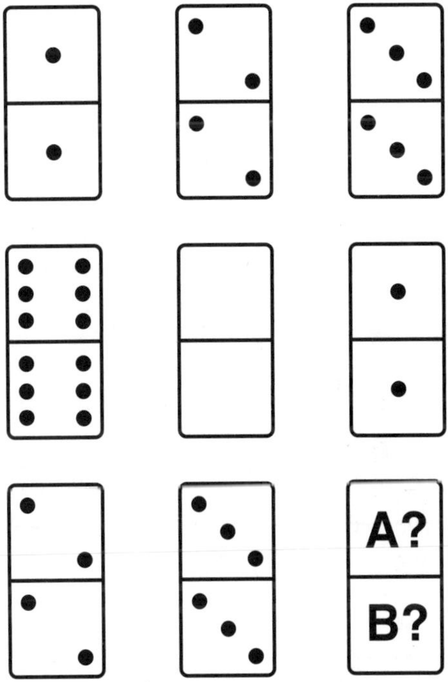

Problème 6

a e i o u ?

Problème 7

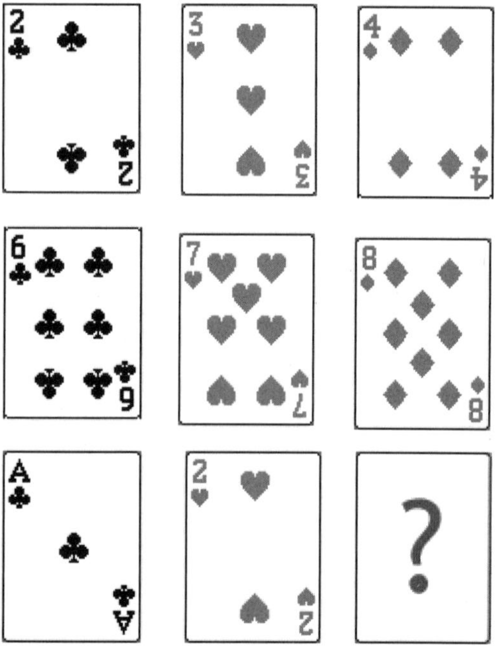

Problème **8**

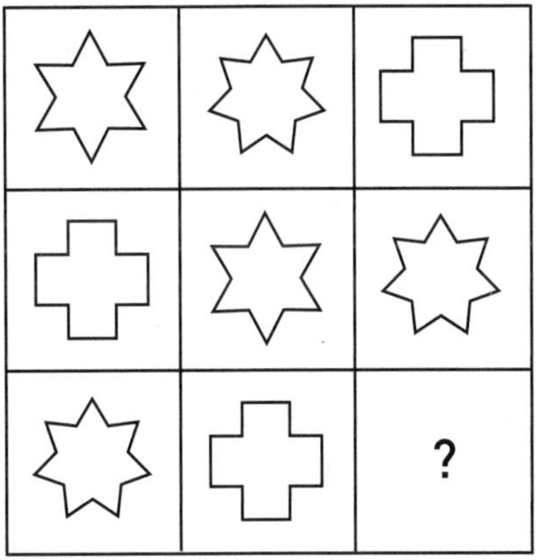

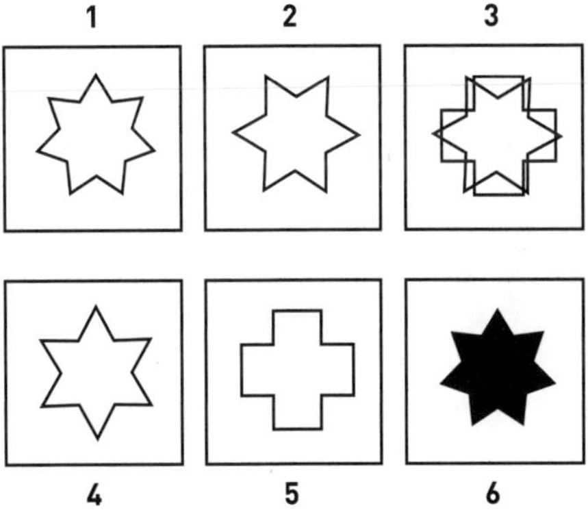

Problème 9

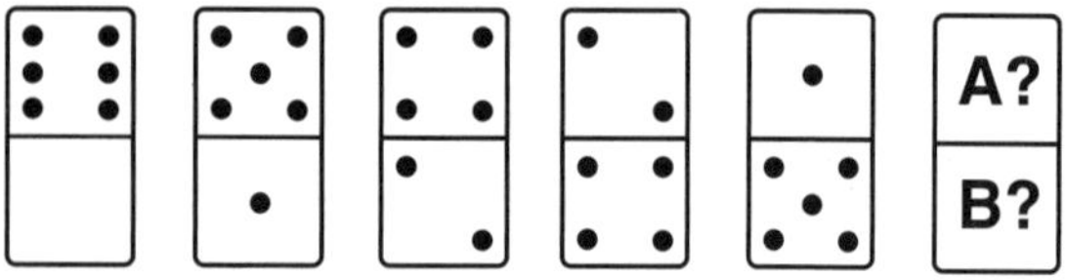

Problème 10

0 1 3 6 10 **?**

Problème 11

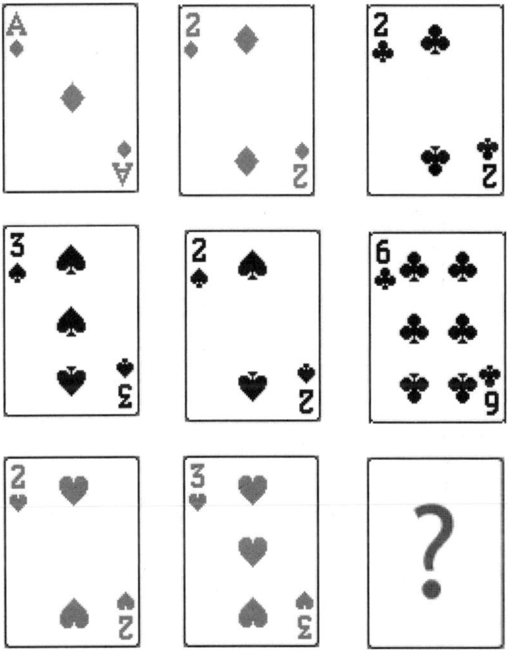

Problème 12

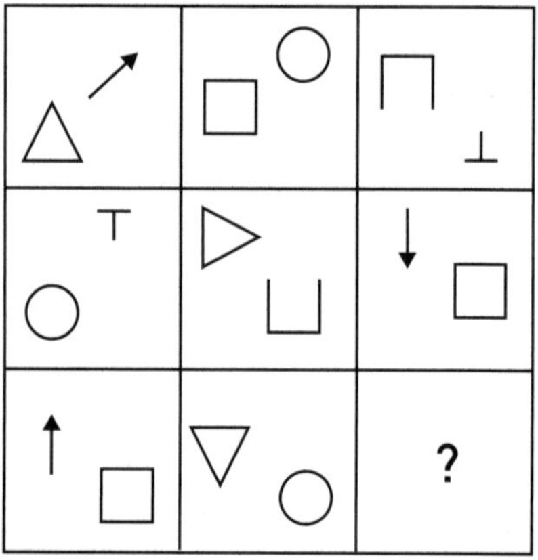

Propositions de dessins :

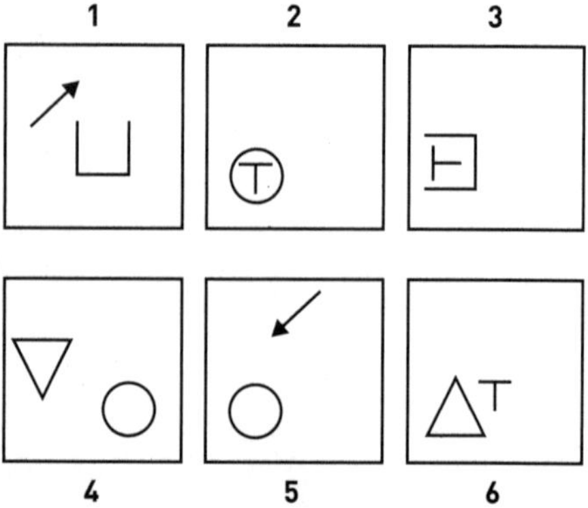

Problème 13

Problème 14

BF CG DH EI ?

Problème 15

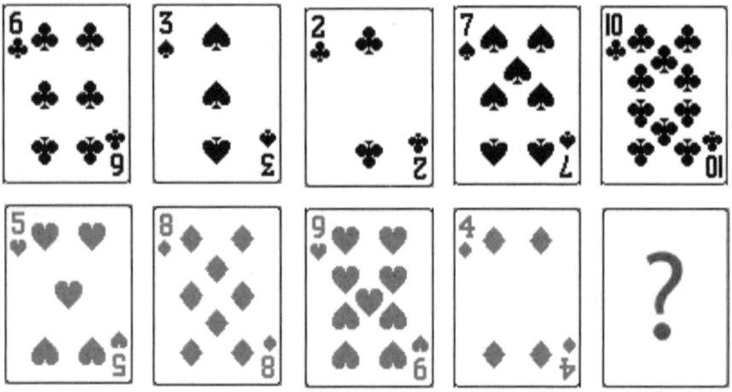

Problème 16

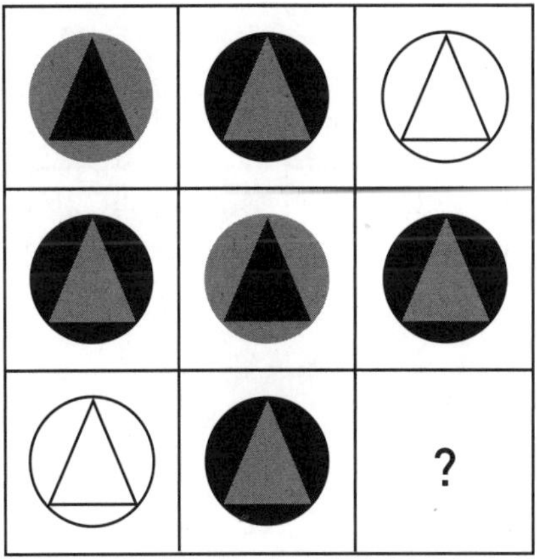

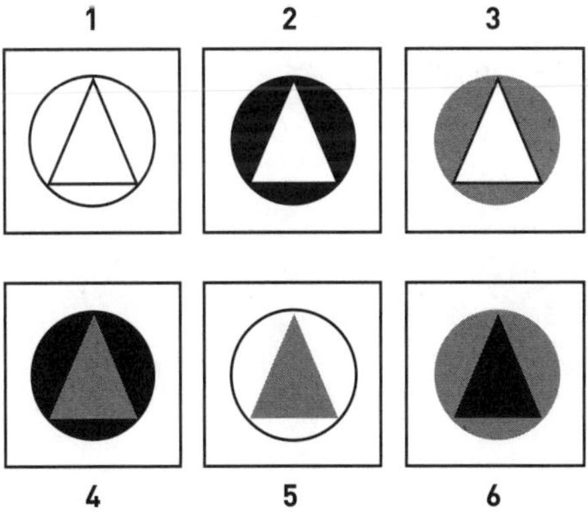

Problème 17

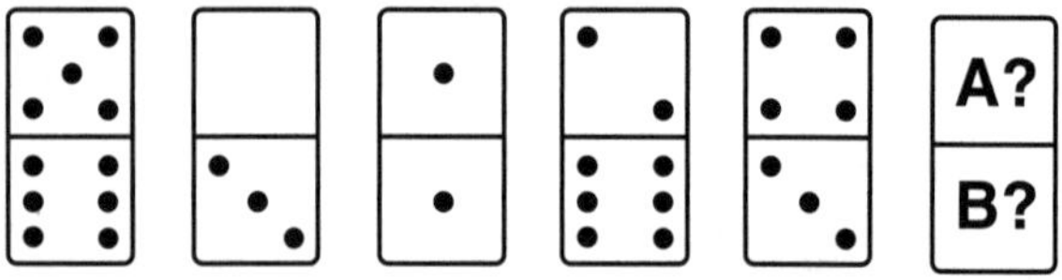

Problème 18

34 (T) 28 (V) 12 (D) 8 (**?**)

Problème 19

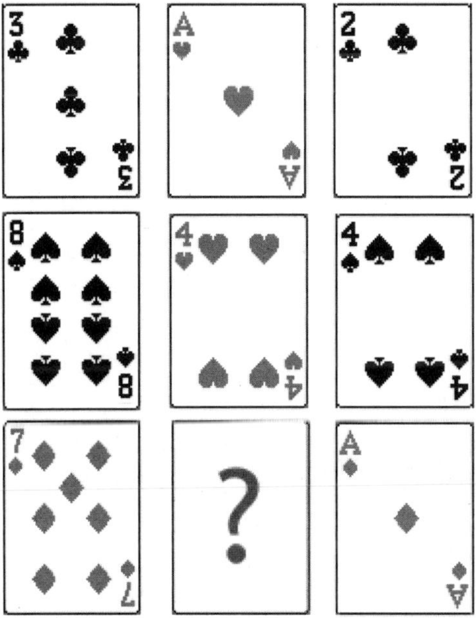

Problème 20

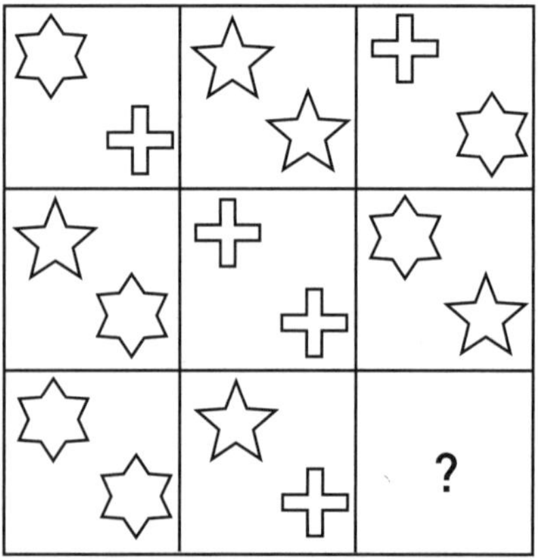

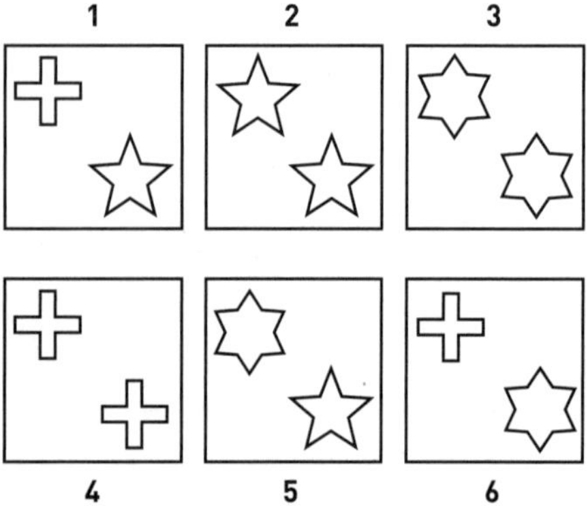

Problème 21

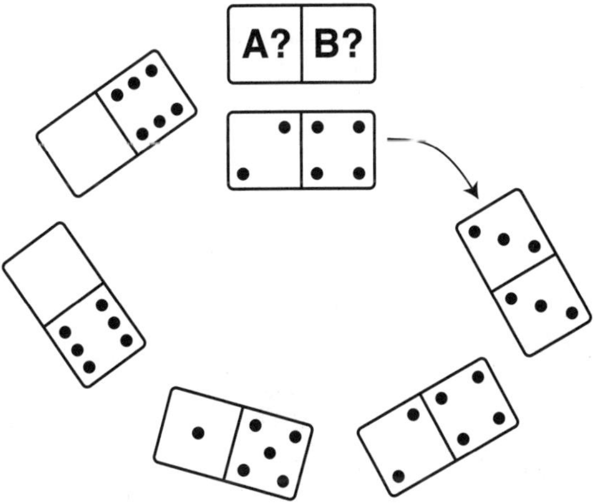

Problème 22

0	3	8	15	24	**?**

Problème 23

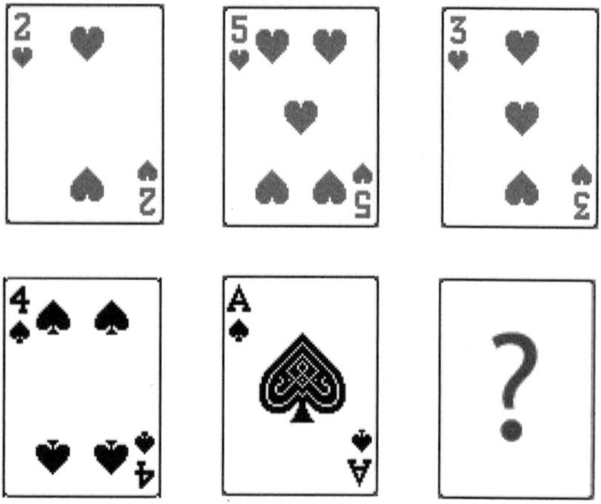

Problème 24

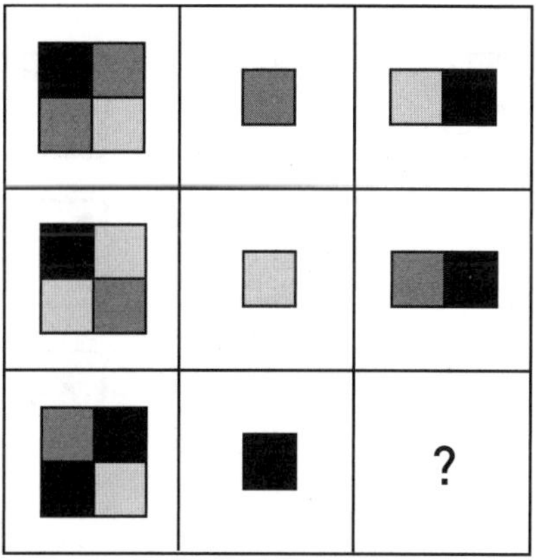

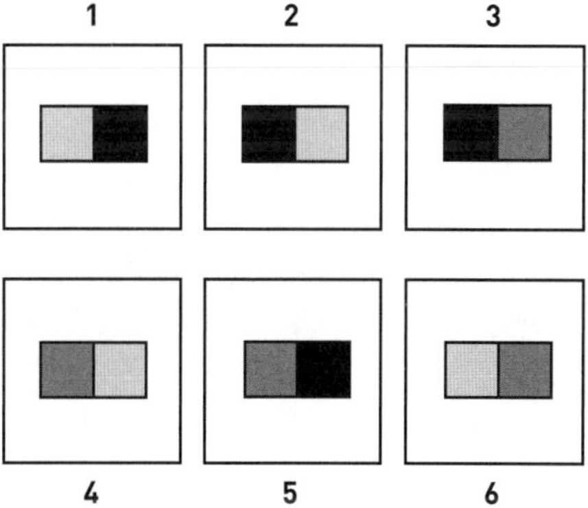

Problème 25

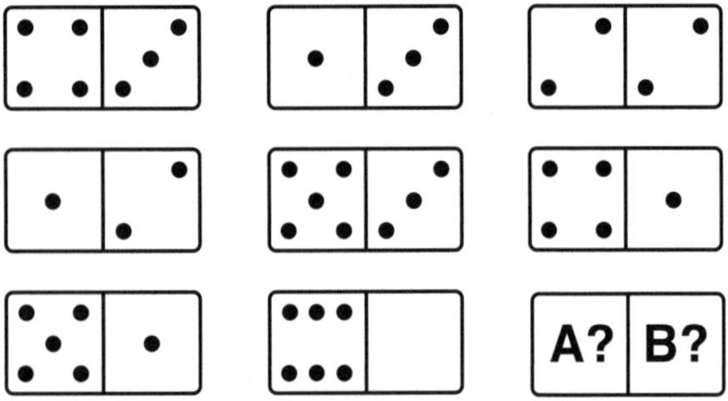

Problème 26

A D B E C ?

Problème 27

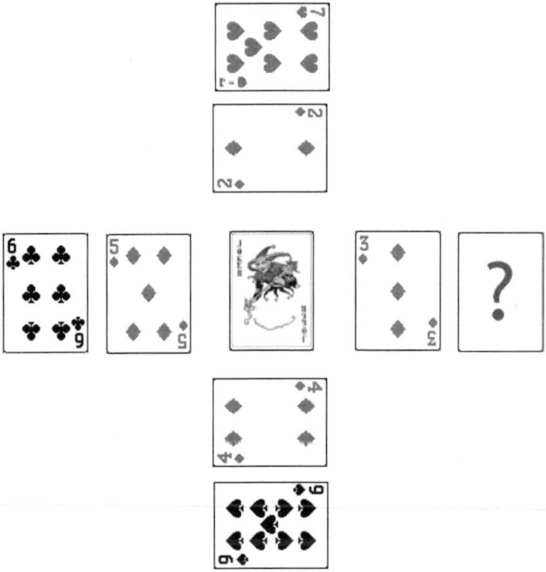

Problème 28

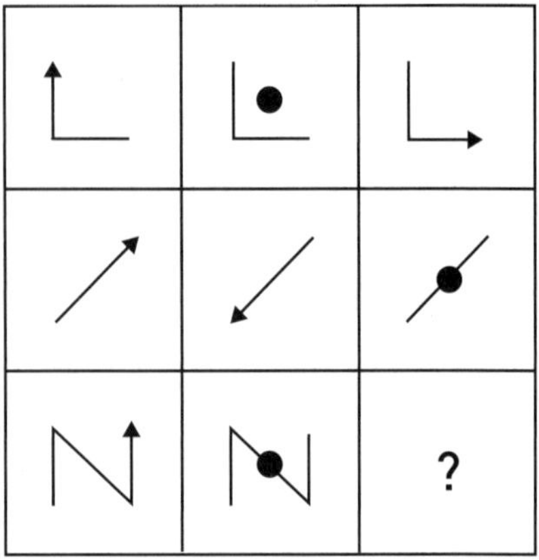

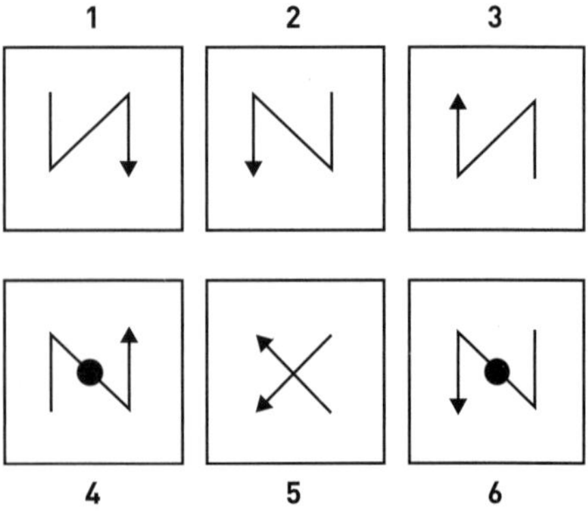

Problème 29

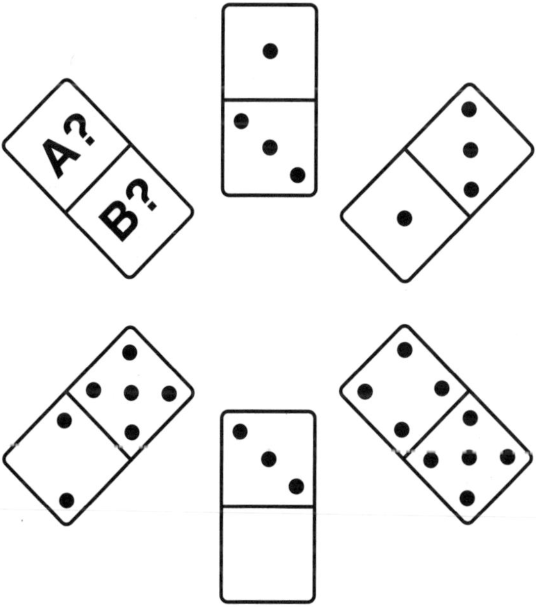

Problème 30

Z1 YX2 WV4 UTS12 RQPO**?**

Problème 31

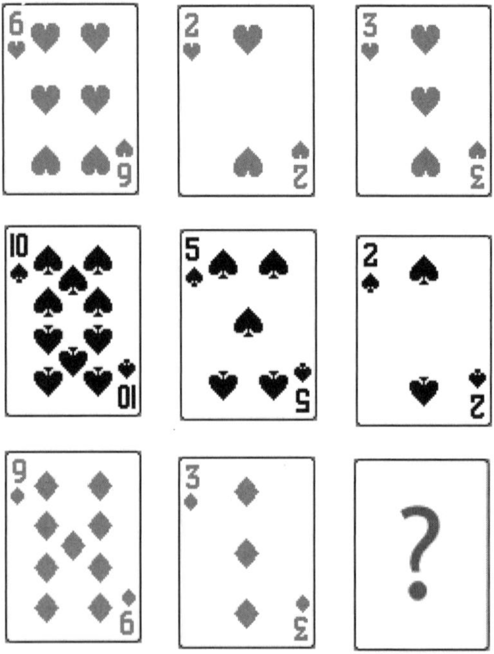

Problème 32

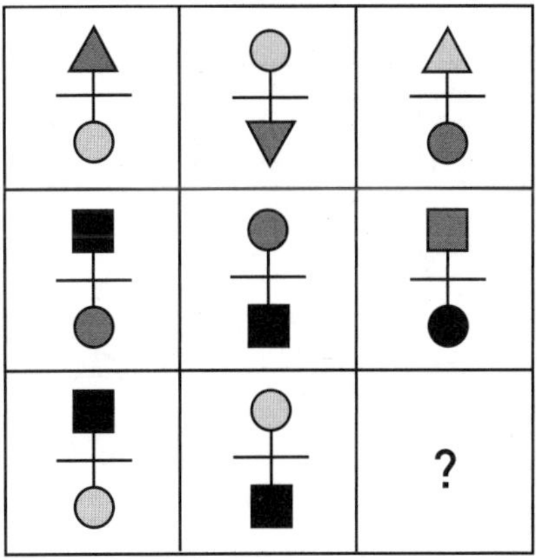

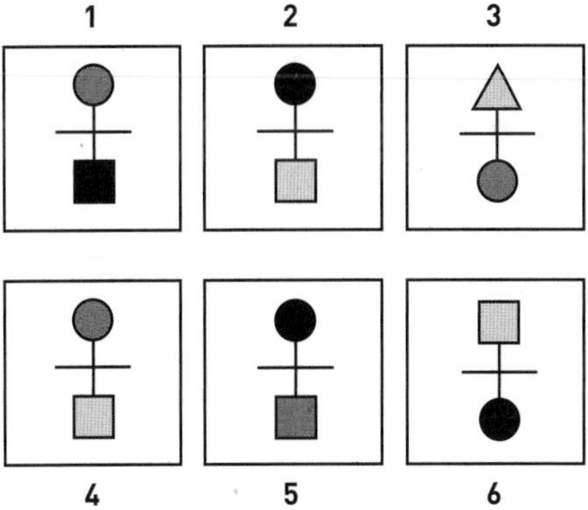

Problème 33

Problème 34

0	4	18	48	**?**

Problème 35

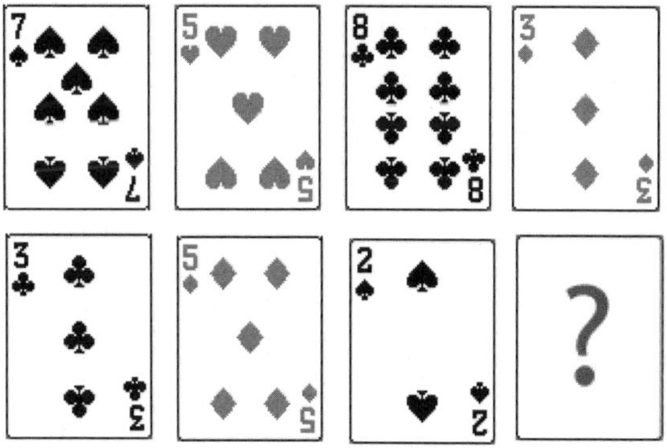

Problème 36

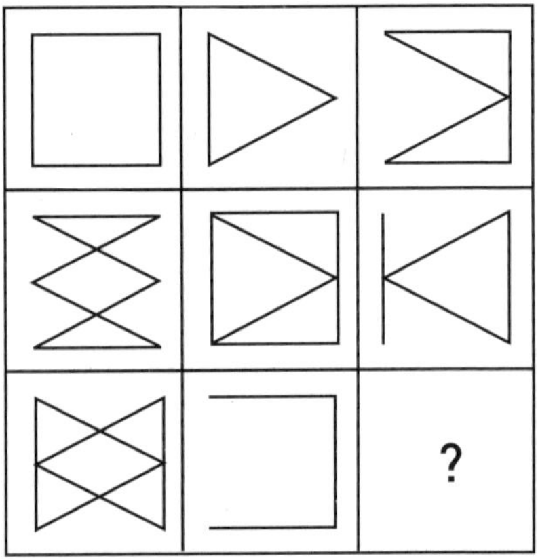

1 2 3

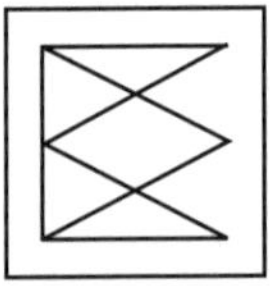

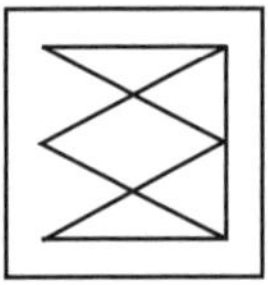

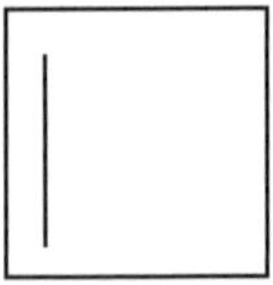

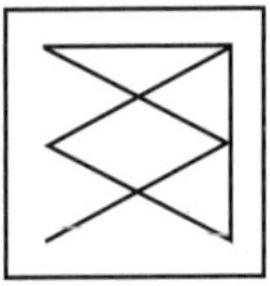

4 5 6

Problème 37

Problème 38

A1 B2 E3 L4 ?

Problème 39

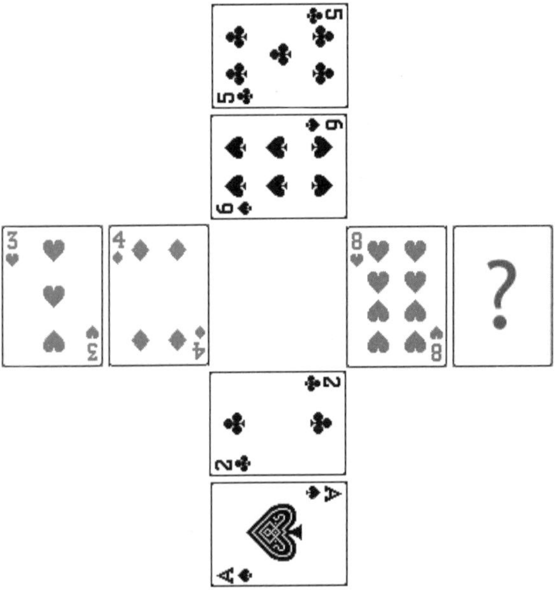

Problème 40

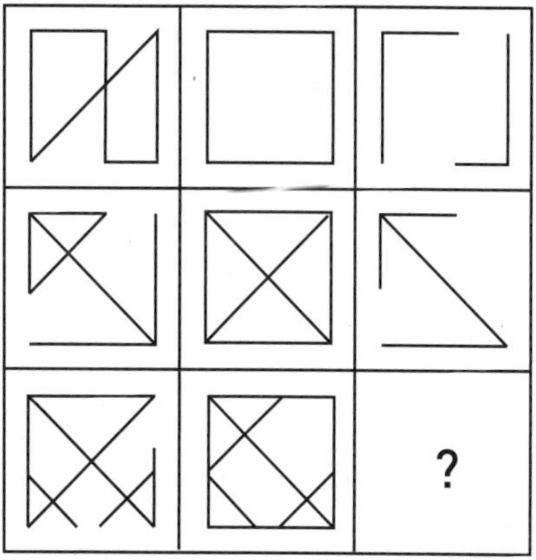

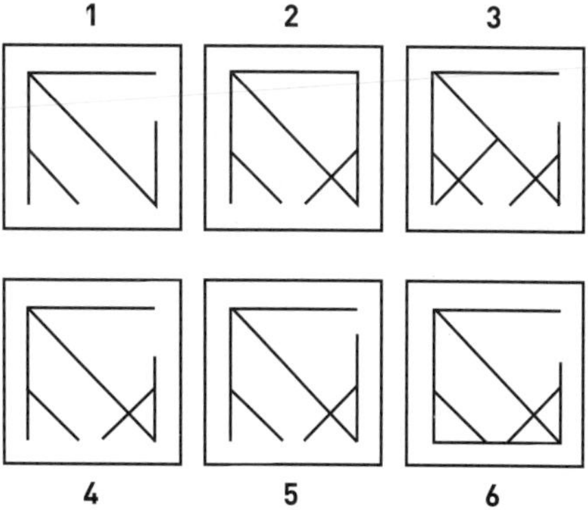

SOLUTIONS DE LA SESSION 1

Problème 1 — **Niveau de difficulté :** très facile

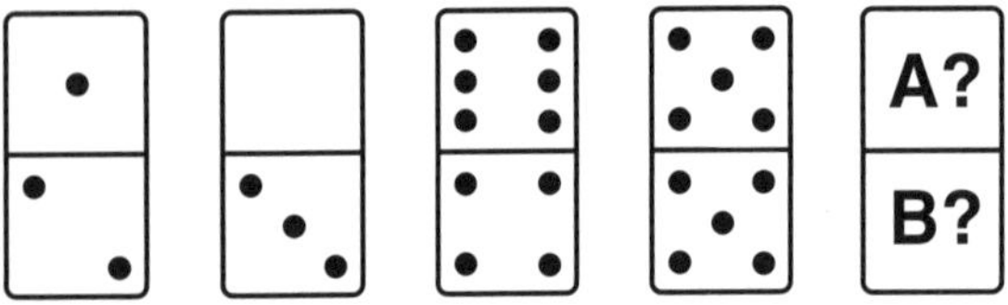

Solution : **4/6**

Deux progressions ; la première, en ordre inverse : 1, 0, 6, 5... **4**.

La seconde, en sens direct : 2,3,4, 5... **6**.

Problème 2 — **Niveau de difficulté :** très facile

1 3 5 7 11 **13**

Solution : **13**

La suite des chiffres entiers.

Problème 3 — **Niveau de difficulté :** très facile

Solution : **Neuf de cœur**

La valeur des cartes de droite (de la même couleur « cœur ») est égale à la somme des valeurs des cartes précédentes : 3 + 5 = 8 ; 4 + 3 = 7 ; 2 + 7 = **9**

Problème 4 **Niveau de difficulté :** très facile

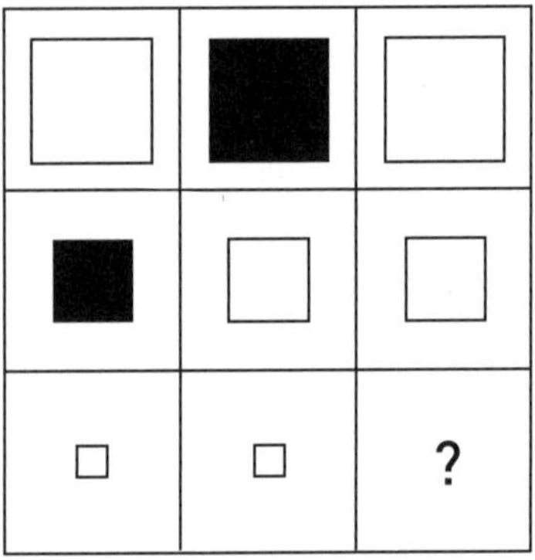

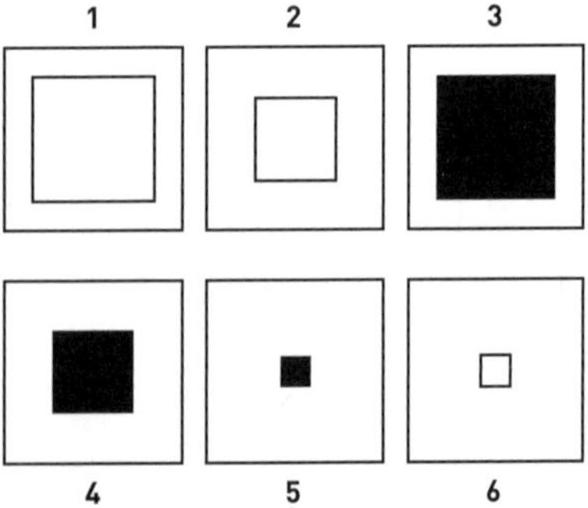

Solution : **5**

Chaque ligne présente la même combinaison de figures dans un ordre différent.

Problème 5 — **Niveau de difficulté :** très facile

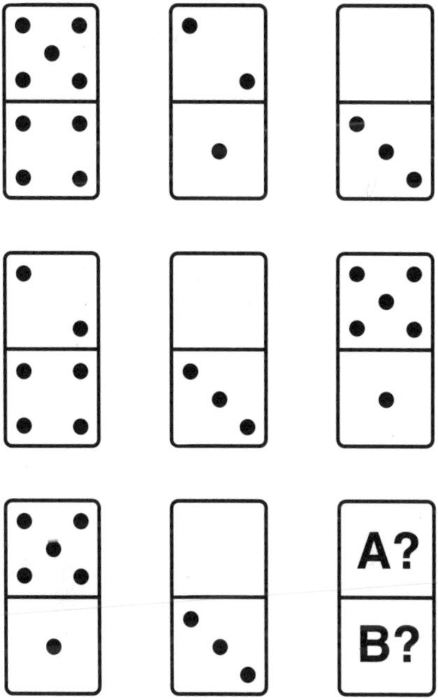

Solution : **2/4**

On retrouve les trois mêmes chiffres dans un ordre différent sur chaque groupe de dominos, en partie haute et basse (5, 2 et 0 en haut ; 4, 1 et 3 en bas).

Problème 6 — **Niveau de difficulté :** très facile

A E I M **Q**

<u>Solution</u> : **Q**

Chaque groupe de lettres est séparé par trois autres lettres :

A (b, c, d) E (f, g, h) I (j, k, l) M (n, o, p) **Q**.

Problème 7 — Niveau de difficulté : très facile

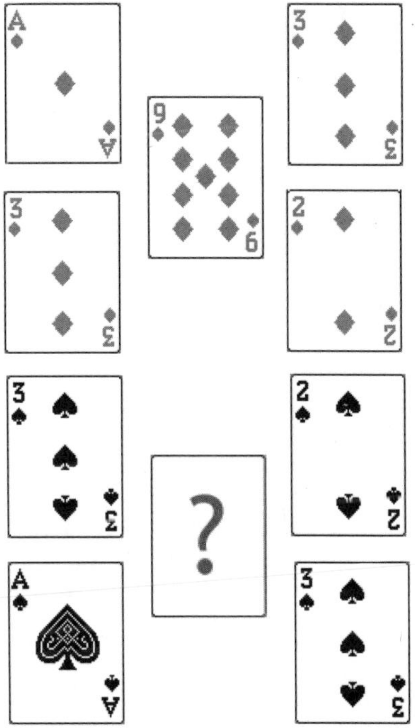

Solution : **Neuf de pique**

La valeur de la carte centrale est égale à la somme des valeurs des autres cartes.

Problème 8 **Niveau de difficulté :** très facile

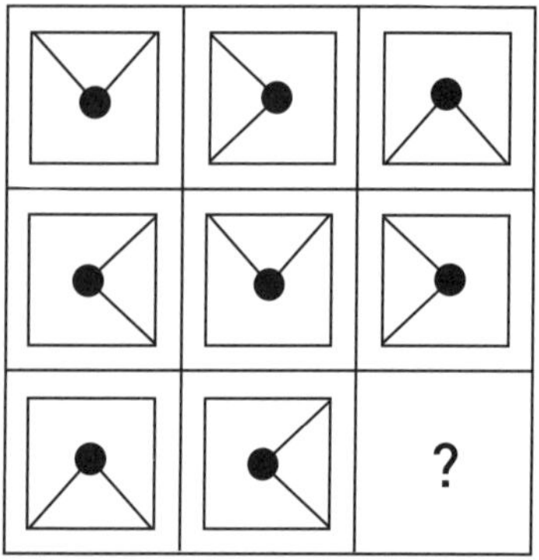

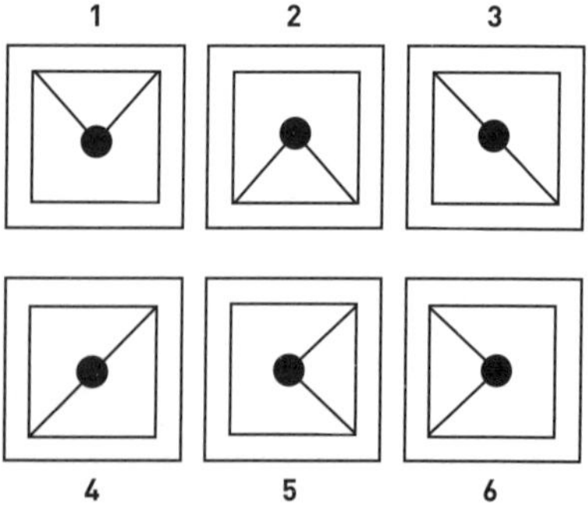

Solution : **1**

Sur chaque ligne, les traits à l'intérieur des carrés pivotent de 90° dans le sens des aiguilles d'une montre.

Problème 9 **Niveau de difficulté :** facile

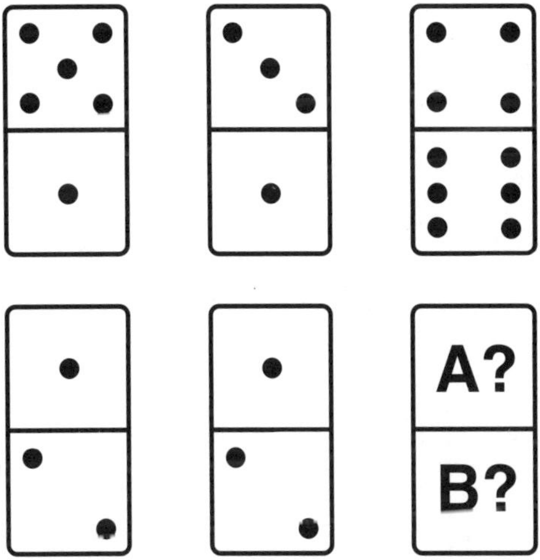

Solution : **3/3**

Les valeurs des dominos à droite sont égales à la somme des valeurs des dominos précédents, en croisant haut et bas :

5 + 1 = 6 et 1 + 3 = 4 ; 1 + 2 = **3** et 2 + 1 = **3**.

Problème 10 **Niveau de difficulté :** facile

1	4	9	16	**25**

Solution : **25**

La suite des carrés : 1^2, 2^2, 3^2, 4^2, 5^2 = **25**.

Problème 11 **Niveau de difficulté :** facile

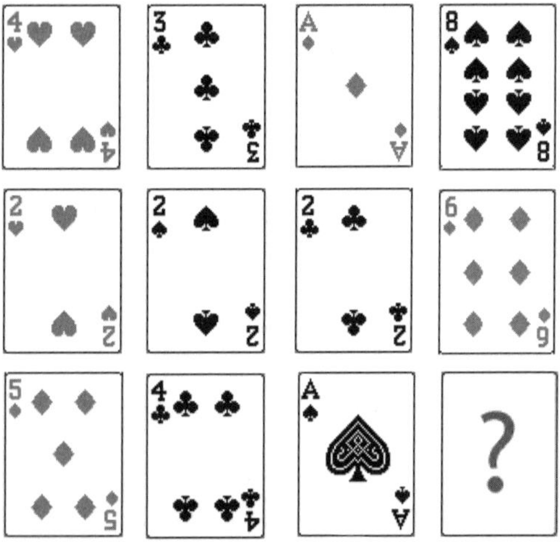

Solution : **Dix de cœur**

La valeur des cartes de droite est égale à la somme des valeurs des cartes précédentes ; sur chaque ligne, on retrouve les quatre couleurs (pique, trèfle, cœur, carreau) dans un ordre différent.

Problème 12 **Niveau de difficulté :** facile

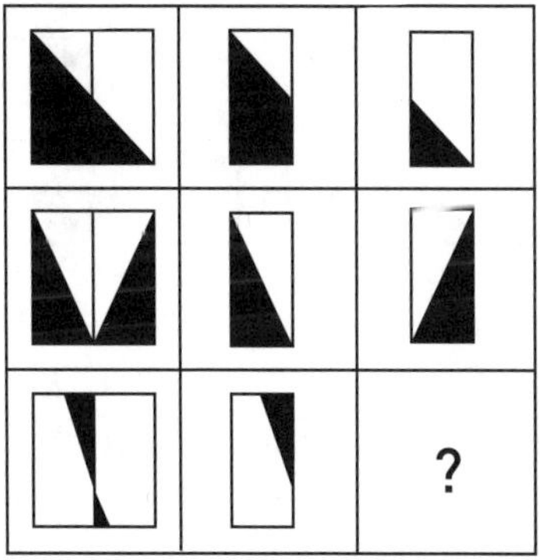

1 2 3

4 5 6

Solution : **1**

Sur chaque ligne, les figures de gauche sont obtenues par addition des figures suivantes.

Problème 13 **Niveau de difficulté :** facile

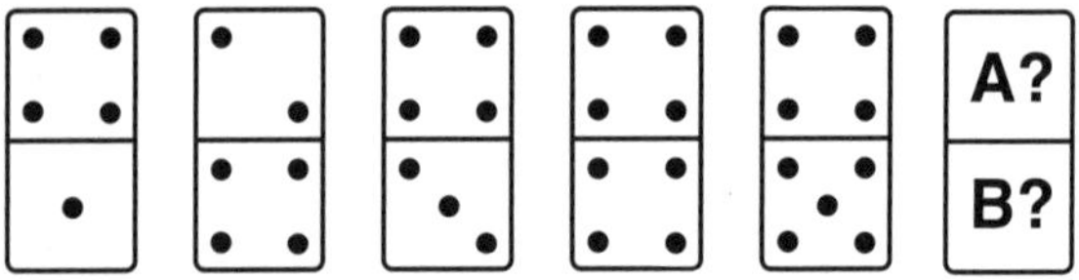

Solution : **6/4**

Une suite de 4, en alternance, entre le haut et le bas des dominos et une progression en sens direct : 1, 2, 3, 4, 5... **6**.

Problème 14 **Niveau de difficulté :** facile

Z W T Q **N**

Solution : **N**

Les lettres sont séparées par deux autres lettres :
Z (y, x) W (v, u) T (s, r) Q (p, o) **N.**

Problème 15 — Niveau de difficulté : facile

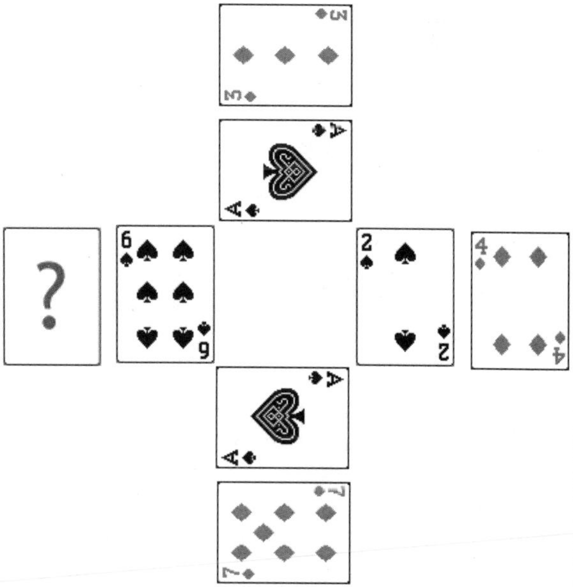

Solution : **Quatre de carreau**

Deux couleurs dans chaque groupe de cartes : carreau et pique; et les valeurs progressent de 2 : (3 + 1 = 4) ; (4 + 2 = 6) ; (7 + 1 = 8) ; (**4** + 6 = 10).

Problème 16 — **Niveau de difficulté :** facile

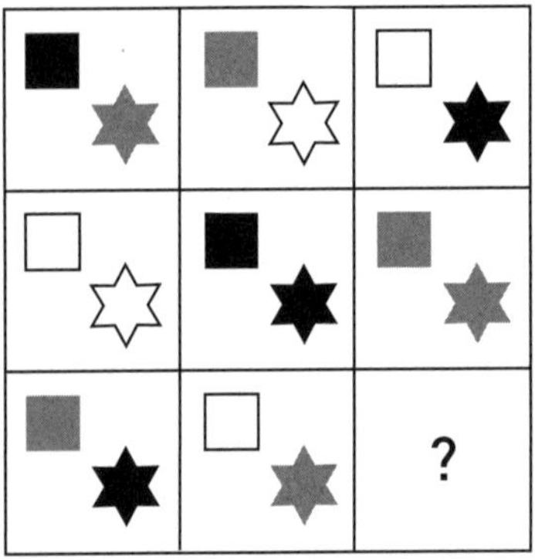

1 2 3

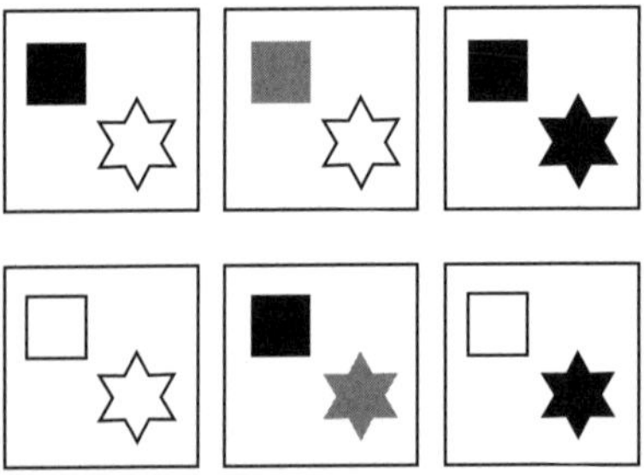

4 5 6

Solution : **1**

Chaque ligne présente les mêmes combinaisons de carrés et d'étoiles dans un ordre différent.

Problème 17 **Niveau de difficulté :** facile

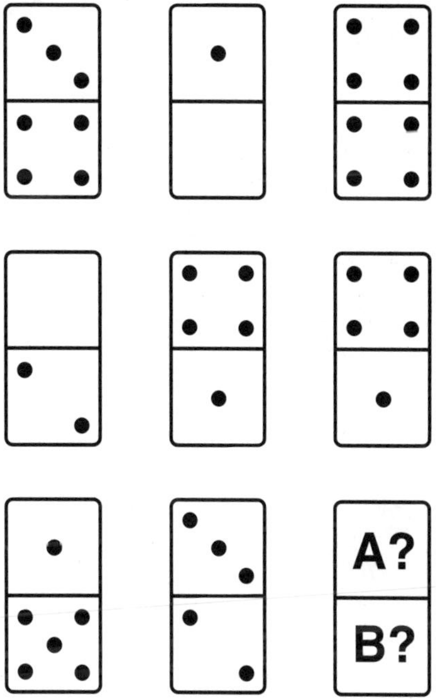

Solution : **4/3**

Les valeurs des dominos de droite sont égales, en partie supérieure, à la somme des valeurs des dominos précédents (3 + 1 = 4 ; 0 + 4 = 4 ; donc 1 + 3 = **4**) et, en partie inférieure, à la différence des valeurs (4 - 0 = 4 ; 2 - 1 = 1 ; donc 5 - 2 = **3**).

Problème 18 — **Niveau de difficulté :** facile

A2 E5 I8 M11 **Q14**

Solution : **Q14**

Les lettres sont séparées par trois autres lettres (sens direct de l'alphabet) :

A (b, c, d) E (f, g, h) I (j, k, l) M (n, o, p) **Q.**

Les chiffres s'obtiennent en ajoutant 3 au précédent :

2 (+3 =) 5 (+3 =) 8 (+3 =) 11 (+3 =) **14.**

Problème 19 **Niveau de difficulté :** facile

Solution : **Huit de cœur**

Dans chaque groupe (de même couleur), les sommes des diagonales sont égales :

1 + 9 = 10 ; 7 + 3 = 10 et 4 + 7 = 11; 3 + **8** = 11.

Problème 20 **Niveau de difficulté :** facile

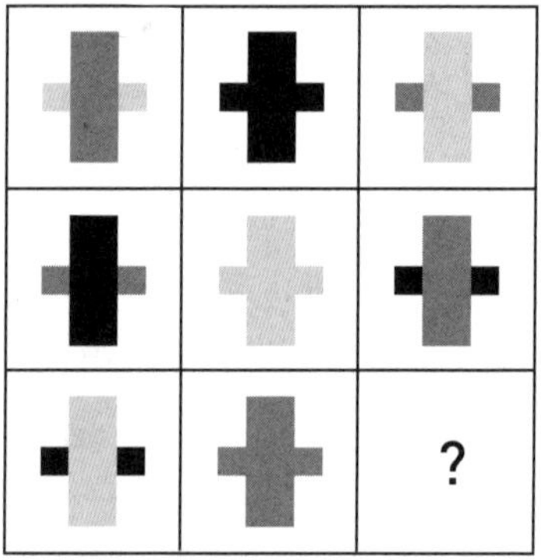

1 2 3

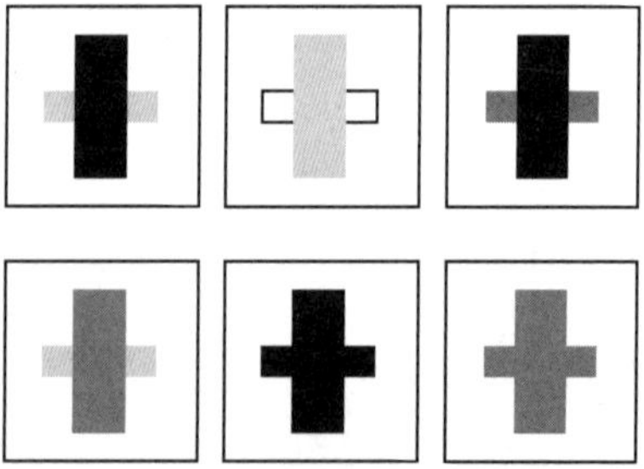

4 5 6

Solution : **1**

Sur chaque ligne, les motifs des grands et des petits rectangles sont répétés dans un ordre différent.

Problème 21 **Niveau de difficulté :** difficile

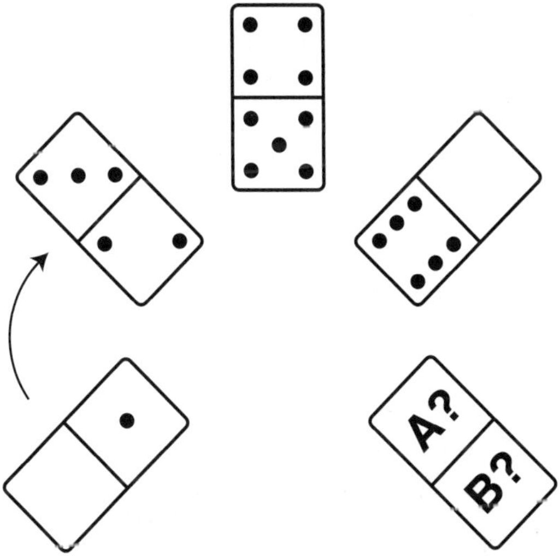

Solution : **2/1**

Du premier domino aux suivants, les valeurs progressent en alternant haut et bas de chaque domino et en sautant chaque fois un chiffre :
1, (2), 3, (4), 5, (6), 0, (1)... **2** et 0, (1), 2, (3), 4, (5), 6, (0)... **1**.

Problème 22 — **Niveau de difficulté :** difficile

2	4	3	9	8	**64**

Solution : **64**

La progression se fait en élevant le premier chiffre au carré puis en retirant 1 et ainsi de suite :
$2^2 = 4$ (-1 =) $3^2 = 9$ (-1 =) $8^2 =$ **64.**

Problème 23 — **Niveau de difficulté :** difficile

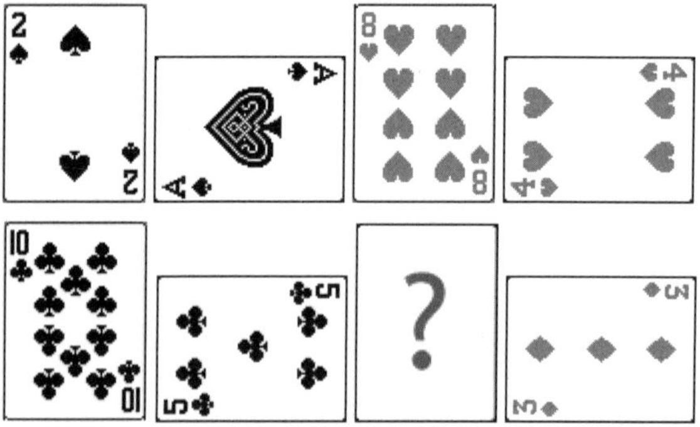

Solution : **Six de carreau**

La somme des valeurs des cartes verticales est égale au double de la somme des valeurs des cartes à l'horizontale :
10 + 2 = 12 = 2 x (1 + 5) et 8 + **6** = 14 = 2 x (4 + 3).

Problème 24 **Niveau de difficulté :** difficile

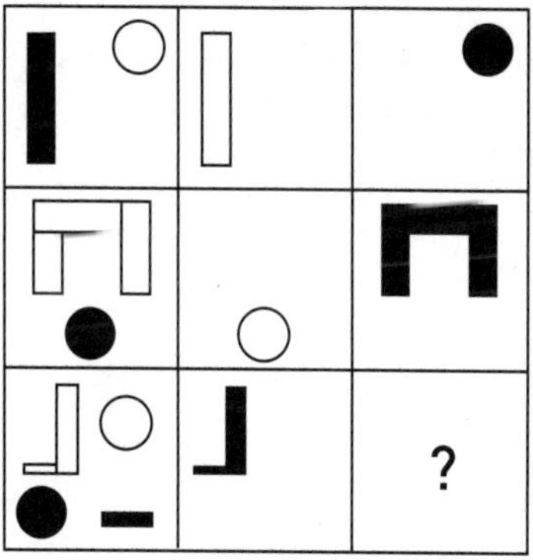

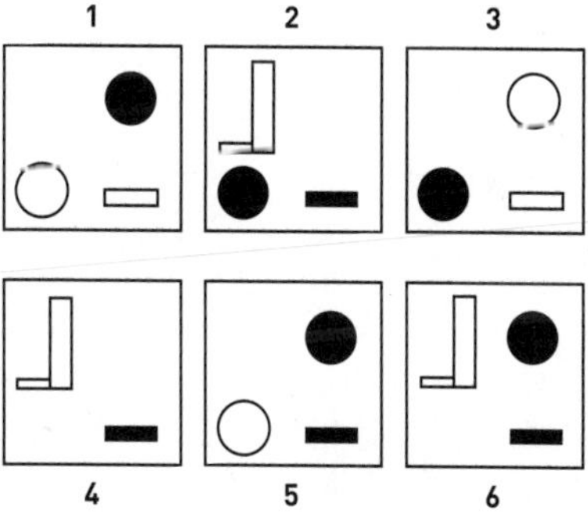

Solution : **1**

Sur chaque ligne, les éléments sont disjoints et les couleurs inversées.

Problème 25 **Niveau de difficulté :** difficile

Solution : **3/4**

Du premier domino aux suivants, les valeurs de chaque moitié de domino progressent en sautant chaque fois deux chiffres : 6, (0, 1), 2, (3, 4), 5, (6, 0), 1, (2, 3), 4, 5, 6), 0, (1, 2) **3** et 0, (1, 2), 3, (4, 5), 6, (0, 1), 2, (3, 4), 5, (6, 0), 1, (2, 3) **4.**

Problème 26 — **Niveau de difficulté :** difficile

Y P I D **A**

Solution : **A**

La progression des lettres correspond à la suite des carrés de 5, 4, 3, 2, 1, de Y la vingt-cinquième lettre (5^2) à **A** la première lettre (1^2).

Problème 27 — Niveau de difficulté : difficile

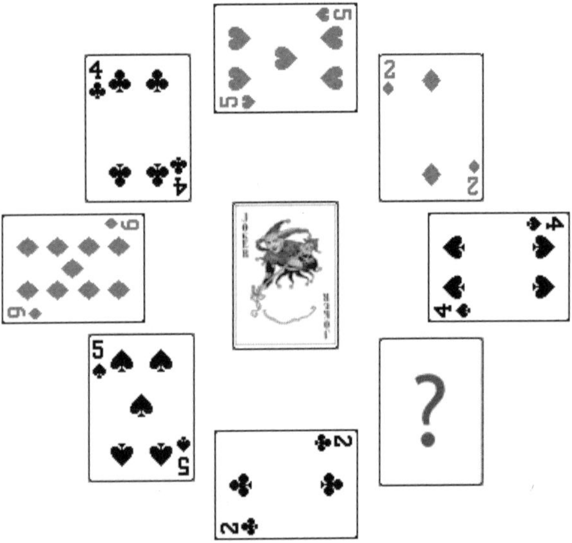

Solution : **Neuf de cœur**

La somme des valeurs des cartes en vis-à-vis est deux fois égale à 7 (5 + 2 ; 2 + 5), deux fois à 13 (4 + 9 ; 9 + 4).

Problème 28 **Niveau de difficulté :** difficile

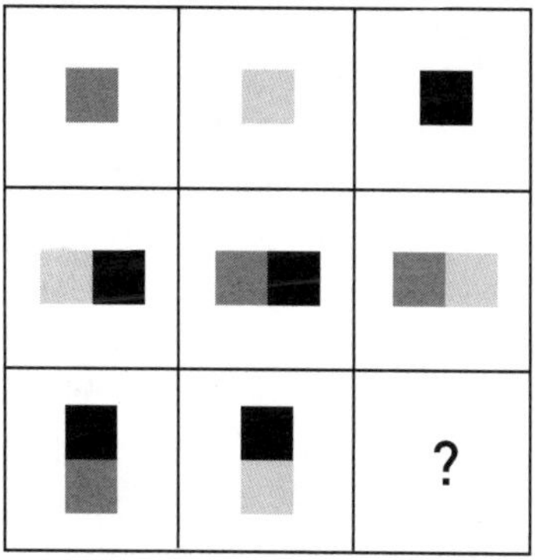

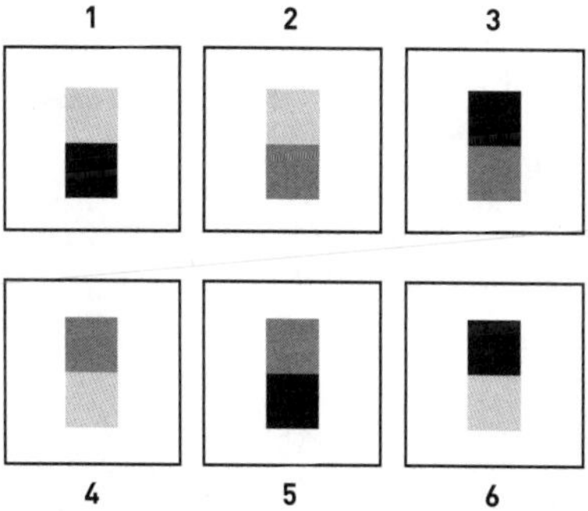

Solution : **1**

Sur la dernière ligne, les motifs sont formés, en bas, par le motif de la première ligne, en haut, par celui de droite sur la deuxième ligne.

Problème 29 **Niveau de difficulté :** difficile

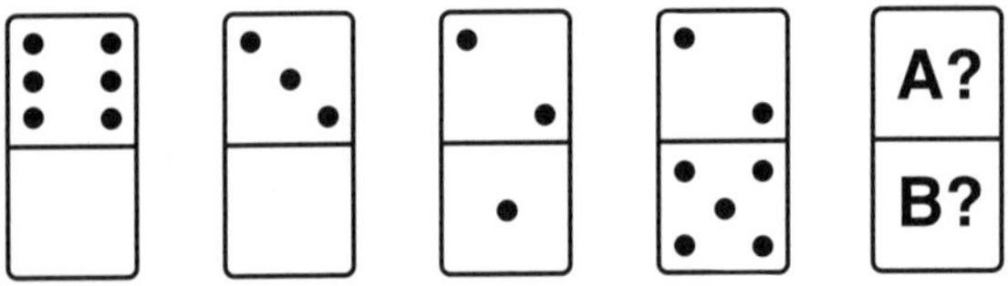

Solution : **3/4**

Les valeurs progressent de la façon suivante : 6 en haut, 0 en bas, 1 en bas, 2 en haut et 3 en haut ; 0 en bas (+3 =) **3** en haut (-1 =) 2 en haut (+3 =) 5 en bas (-1 =) **4** en bas.

Problème 30 **Niveau de difficulté :** difficile

Z25 T16 O9 K4 **H1**

Solution : **H1**

Une suite dans le sens inverse de l'alphabet où chaque lettre est séparée de la suivante par le nombre de lettres qui correspond au carré du chiffre précédent :

Z25 (= 5^2 = y, x, w, v, u) T16 (= 4^2 = s, r, q, p) O9 (= 3^3 = n, m, l) K4 (= 2^2 = j, i) **H1.**

Problème 31 — Niveau de difficulté : difficile

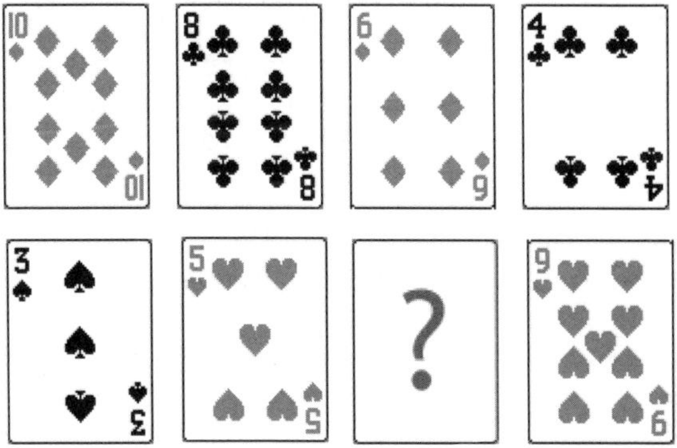

Solution : **Sept de pique**

Sur chaque ligne, les deux mêmes couleurs sont alternées ; les valeurs ont une progression de -2 sur la première ligne et de +2 sur la seconde.

Problème 32 **Niveau de difficulté :** difficile

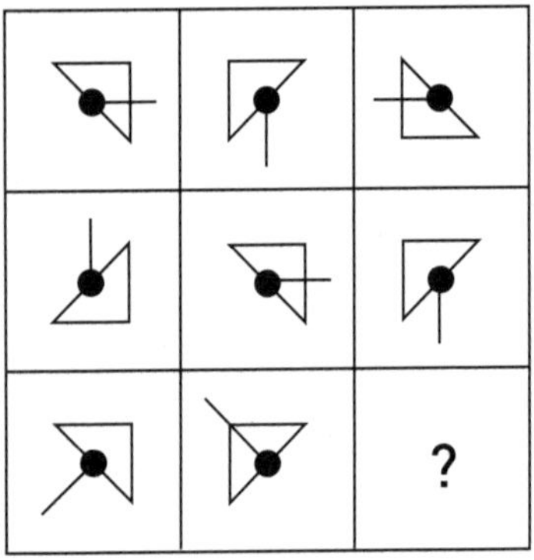

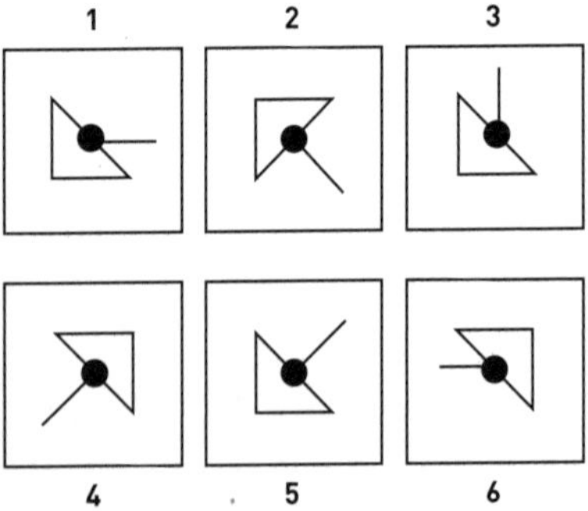

Solution : **5**

Sur chaque ligne, les pointes des triangles sont orientées deux fois vers le haut, une fois vers le bas et les traits pivotent chaque fois de 90° dans le sens des aiguilles d'une montre.

Problème 33 — **Niveau de difficulté :** très difficile

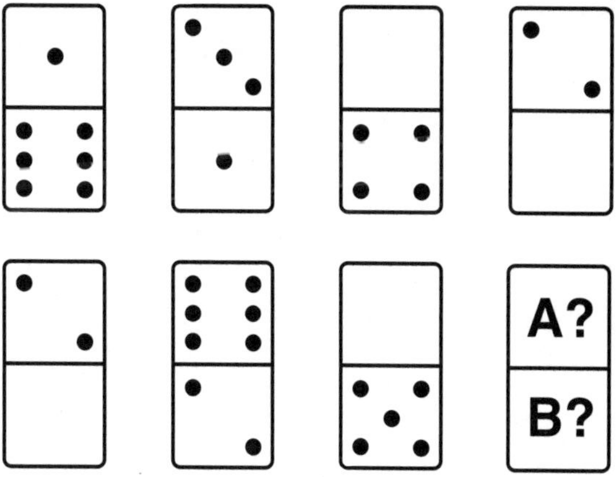

Solution : **4/1**

Dans les moitiés supérieures du premier groupe de dominos, la progression est la suivante : 1 (+ 2 =) 3 (- 3 =) 0 (+ 2 =) 2. Dans le second groupe, elle est identique, sauf que les valeurs sont doublées : 2 (+ 4 =) 6 (- 6 =) 0 (+ 4 =) **4.**

En parties basses, les valeurs progressent en sautant une unité puis deux fois deux unités : 6, (0), 1 (2, 3), 4, (5, 6) 0 et 0, (1), 2, (3, 4), 5, (6, 0) **1.**

Problème 34 — **Niveau de difficulté :** très difficile

0 18 100 **294**

Solution : **294**

La suite des entiers 1, 3, 5, 7, 11 où chaque chiffre est élevé à la puissance 3 et diminué de son carré : $1^3 - 1^2 = 0$; $3^3 - 3^2 = 18$; $5^3 - 5^2 = 100$; $7^3 - 7^2 =$ **294.**

Problème 35 — **Niveau de difficulté :** très difficile

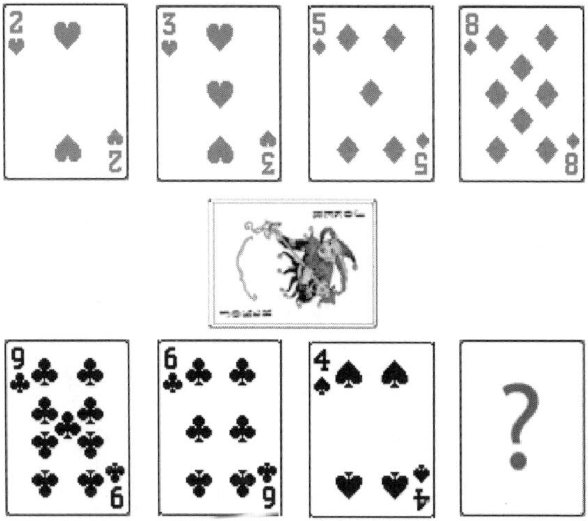

Solution : **Trois de pique**

Sur la première ligne, la valeur des cartes progresse ainsi : +1, +2, +3 ; sur la seconde ligne, dans l'ordre inverse : -3, -2, -1.

Problème 36 **Niveau de difficulté :** très difficile

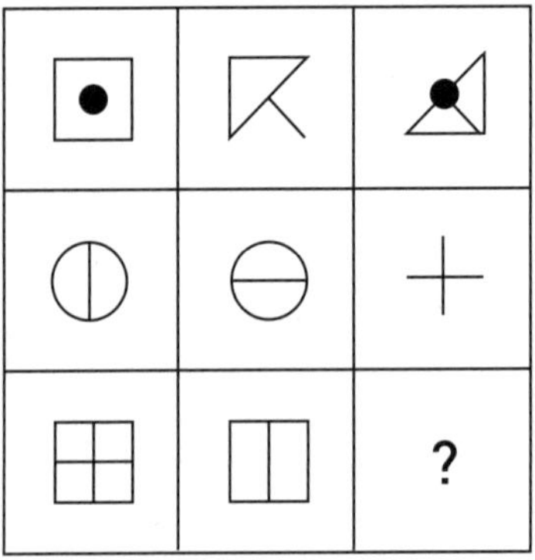

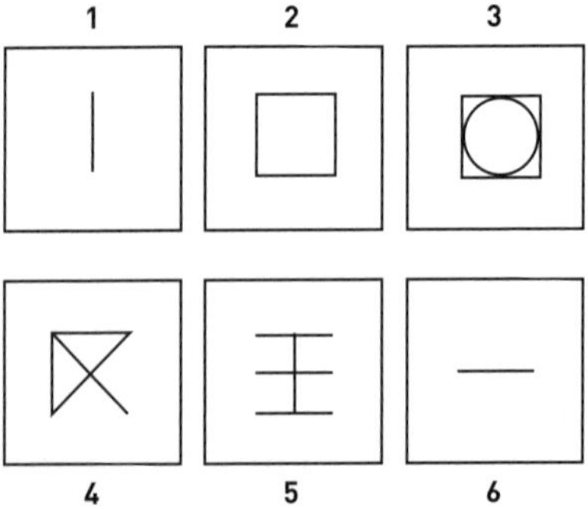

Solution : **6**

Sur chaque ligne, la figure de droite s'obtient en superposant les deux figures précédentes et en éliminant leurs éléments communs.

Problème 37 **Niveau de difficulté :** très difficile

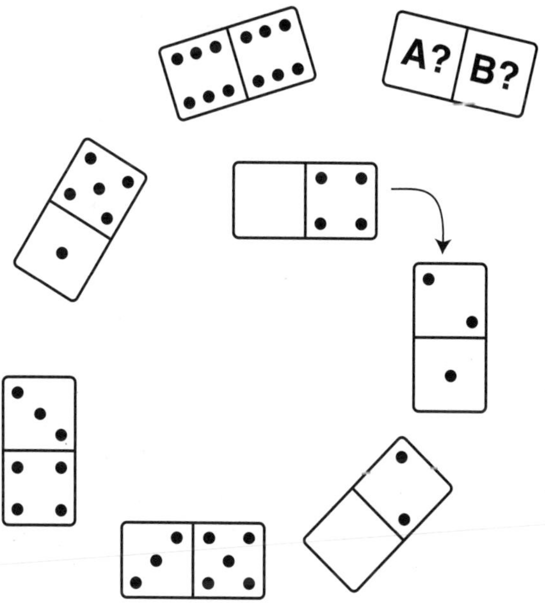

Solution : **4/0**

Deux suites qui alternent parties gauches et parties droites des dominos. La première est une progression constante : 0, 1, 2, 3, 4, 5, 6... **0.** La seconde, en ordre inverse, saute une valeur chaque fois : 4 (3) 2 (1) 0 (6) 5 (4) 3 (2) 1 (0) 6 (5)... **4**.

Problème 38 **Niveau de difficulté :** très difficile

W R L G **C**

Solution : **C**

Une suite dans le sens inverse de l'alphabet où chaque lettre est située à égale distance entre deux voyelles :
(y) x W v (u) t s R q p (o) n m L k j (i) h G f (e) d **C** b (a).

Ex : R est entourée de part et d'autre de 2 lettres (t,s et q,p) avant d'arriver à une voyelle (u et o).

Problème 39 — **Niveau de difficulté :** très difficile

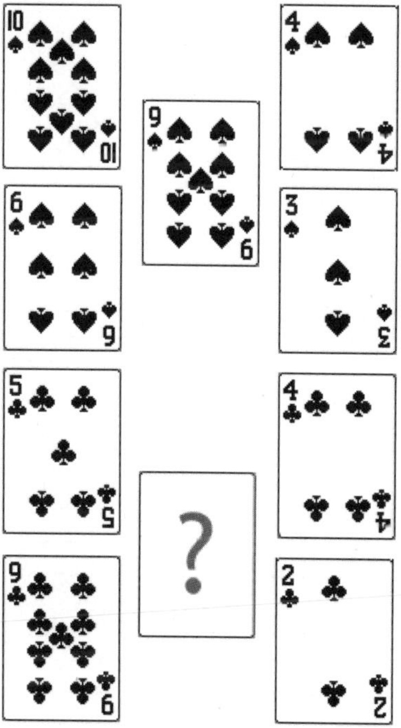

Solution : **Huit de trèfle**

Dans chaque groupe (de même couleur), la valeur de la carte centrale est égale à la somme de la différence des valeurs des diagonales :
9 = (10 - 3) + (6 - 4), **8** = (5 - 2) + (9 - 4).

Problème 40 **Niveau de difficulté :** très difficile

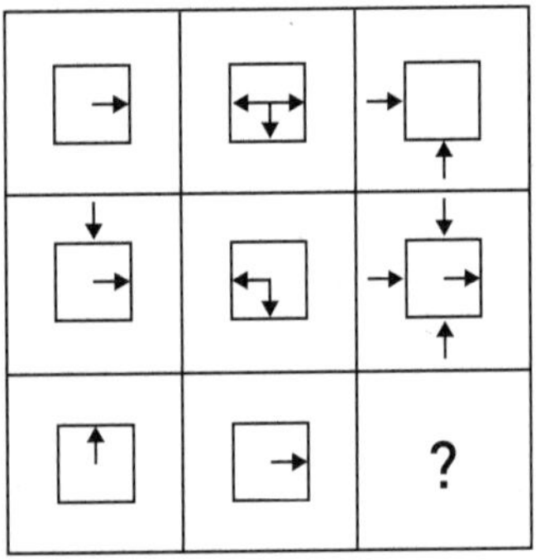

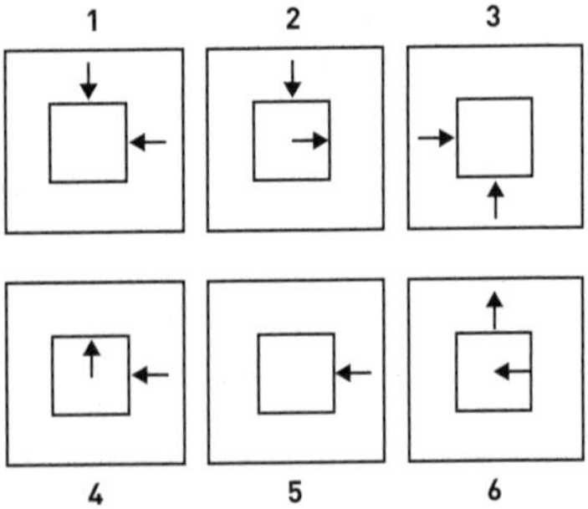

Solution : **4**

Sur chaque ligne, on obtient la figure de droite en superposant les deux figures précédentes et en éliminant les flèches qui leur sont communes. La ou les flèches restantes dans le carré central pivotent de 180° sur leur pointe.

SOLUTIONS DE LA SESSION 2

Problème 1 — **Niveau de difficulté :** très facile

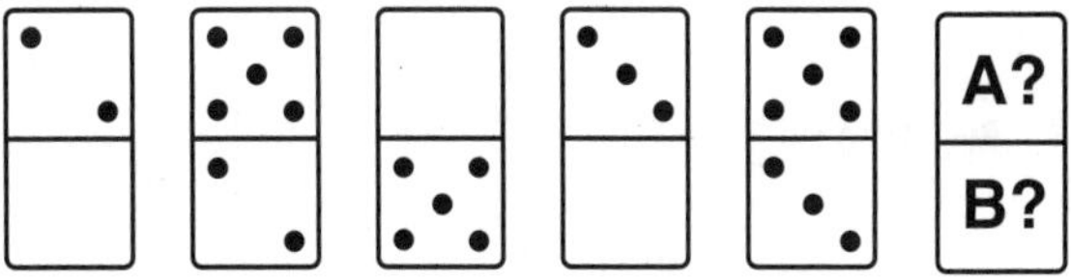

Solution : **1/5**

Sur chaque ligne, la progression se fait en « sautant » alternativement une ou deux valeurs.
En haut : 2 (3, 4) 5 (6) 0 (1, 2) 3 (4) 5 (6, 0) **1**. En bas : 0 (1) 2 (3, 4) 5 (6) 0 (1, 2) 3 (4) **5**.

Problème 2 — **Niveau de difficulté :** très facile

2 3 2 5 4 7 4 **11**

Solution : **11**

Les chiffres soulignés forment une suite d'entiers.

Problème 3 Niveau de difficulté : très facile

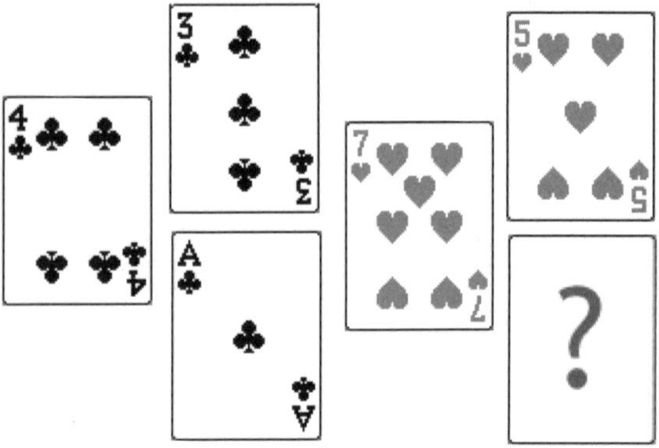

Solution : **Deux de cœur**

Dans chaque groupe de même couleur, la valeur de chaque première carte est égale à la somme des valeurs des cartes suivantes : 4 = 3 + 1, 7 = 5 + **2**.

Problème 4 — **Niveau de difficulté :** très facile

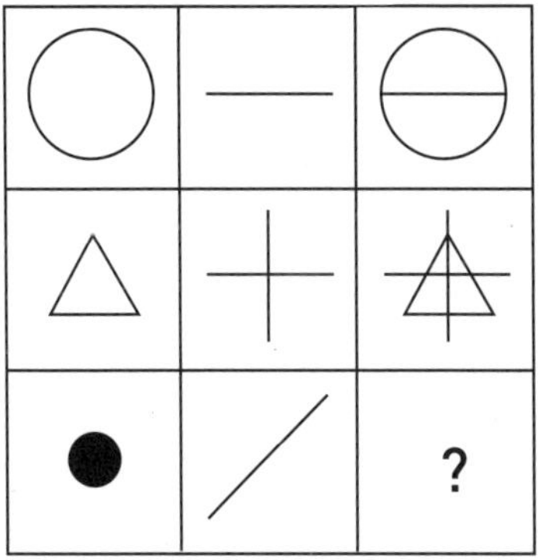

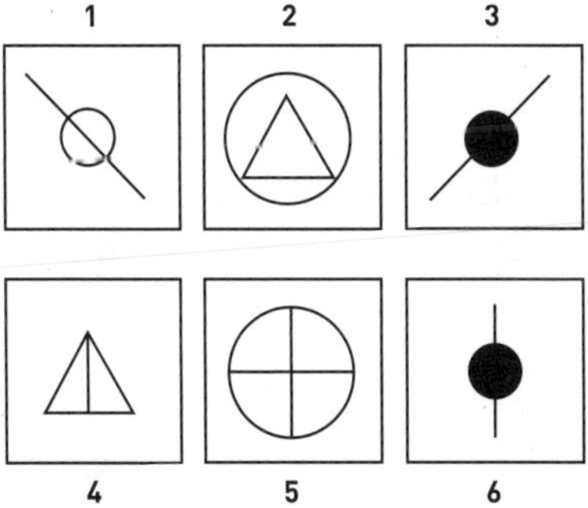

Solution : **3**

La figure de droite s'obtient en superposant les figures précédentes.

Problème 5 — **Niveau de difficulté :** très facile

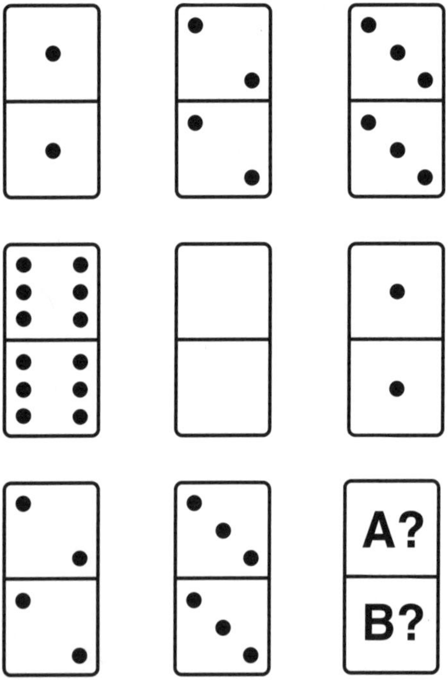

Solution : **4/4**

Dans chaque groupe de dominos, les valeurs se suivent.

Problème 6 — **Niveau de difficulté :** très facile

a e i o u **y**

Solution : **Y**

La suite des voyelles.

Problème 7 — **Niveau de difficulté :** très facile

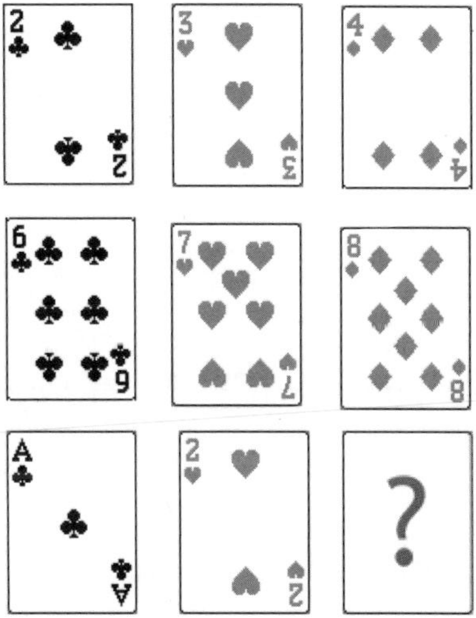

Solution : **Trois de carreau**

Sur chaque ligne, les valeurs des cartes se suivent, les trois mêmes couleurs étant présentes dans un ordre différent.

Problème 8 **Niveau de difficulté :** très facile

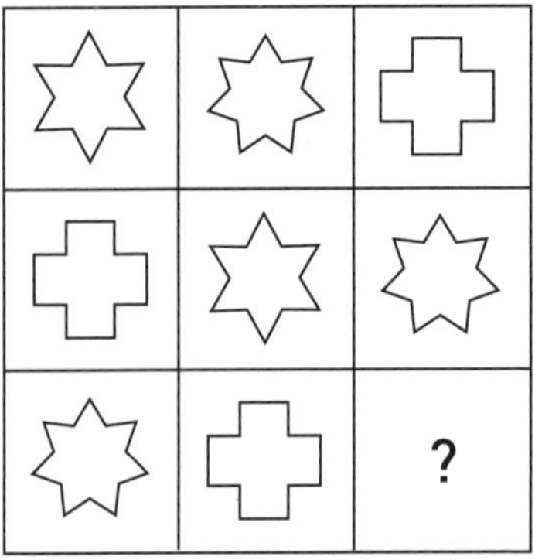

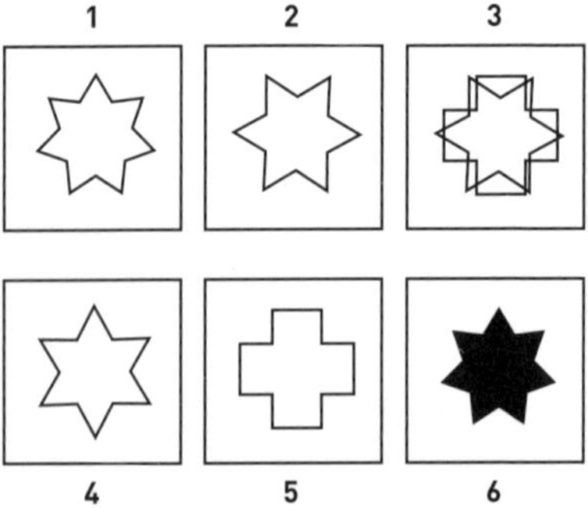

Solution : **4**

Chaque ligne présente les mêmes figures dans un ordre différent.

Problème 9 — **Niveau de difficulté :** facile

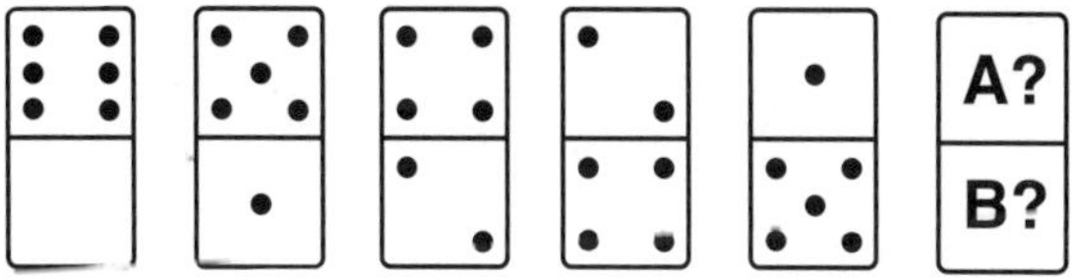

Solution : **0/6**

Deux progressions, décroissante en haut, croissante en bas, où la valeur 3 est « sautée ».

Problème 10 — **Niveau de difficulté :** facile

0	1	3	6	10	**15**

Solution : **15**

Chaque chiffre s'obtient en ajoutant une, puis deux, trois, quatre, cinq unités au précédent : 0 (+1 =) 1 (+2 =) 3 (+3=) 6 (+4 =) 10 (+5 =) **15**.

Problème 11 **Niveau de difficulté :** facile

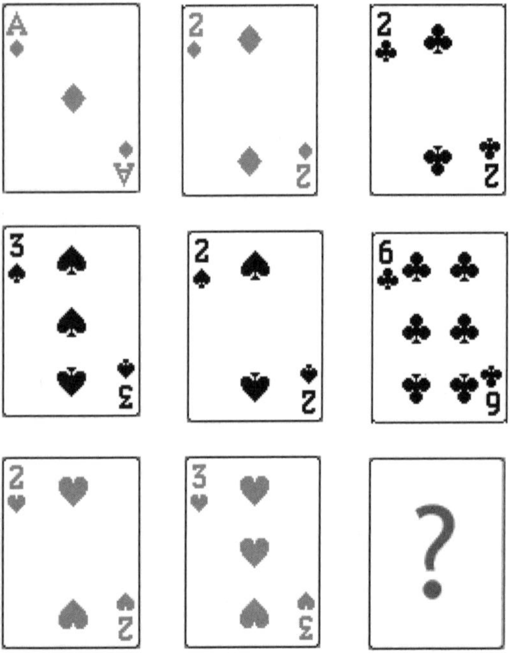

Solution : **Six de trèfle**

Les valeurs des cartes de droite (même couleur) sont égales au produit des valeurs des cartes précédentes : 1 x 2 = 2 ; 3 x 2 = 6 ; 2 x 3 = **6**.

Problème 12 — **Niveau de difficulté :** facile

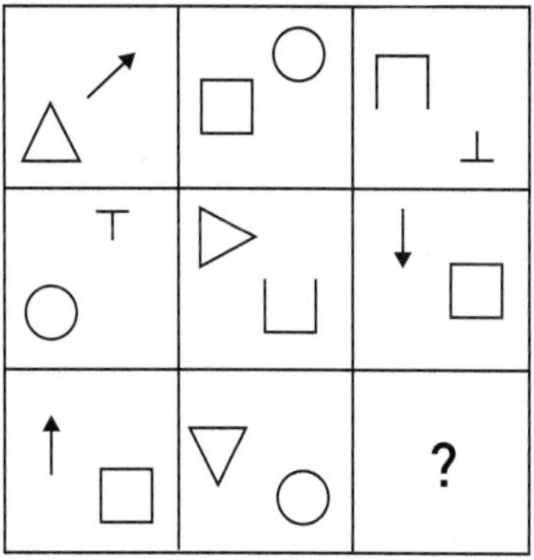

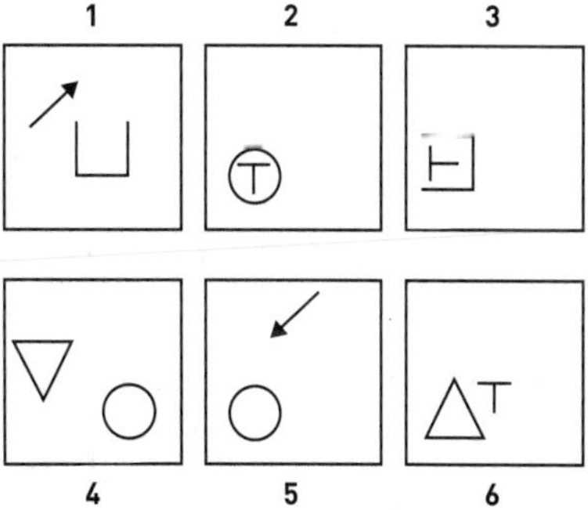

Solution : **3**

Sur chaque ligne, on retrouve les six mêmes symboles groupés deux par deux.

Problème 13 — **Niveau de difficulté :** facile

Solution : **6/5**

Une progression directe (horizontale) : 1, 2, 3, 4, 5... **6**, et une progression, moitiés hautes, moitiés basses, qui saute chaque fois une valeur : 2 (3) 4 (5) 6 (0) 1 (2) 3 (4)... **5**.

Problème 14 — **Niveau de difficulté :** facile

BF CG DH EI **FJ**

Solution : **FJ**

Dans chaque groupe, à gauche et à droite, les lettres se suivent dans l'alphabet :
B, C, D, **F** et F, G, H, I, **J**.

Problème 15 **Niveau de difficulté :** facile

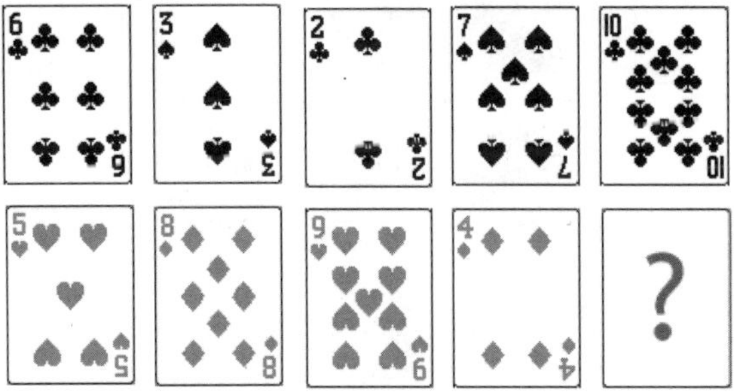

<u>Solution</u> : **As de cœur**

Toutes les paires de cartes superposées ont le même total 11 : 6 + 5 = 11 ; 3 + 8 = 11 ; 2 + 9 = 11 ; 7 + 4 = 11 ; 10 + **1** = 11. Sur chaque ligne, les couleurs alternent.

Problème 16 **Niveau de difficulté :** facile

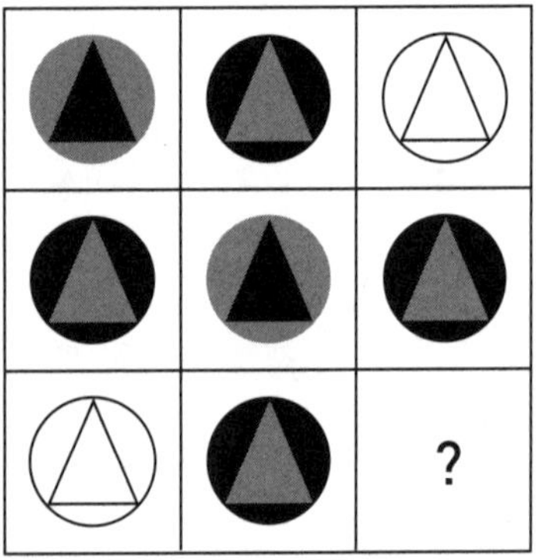

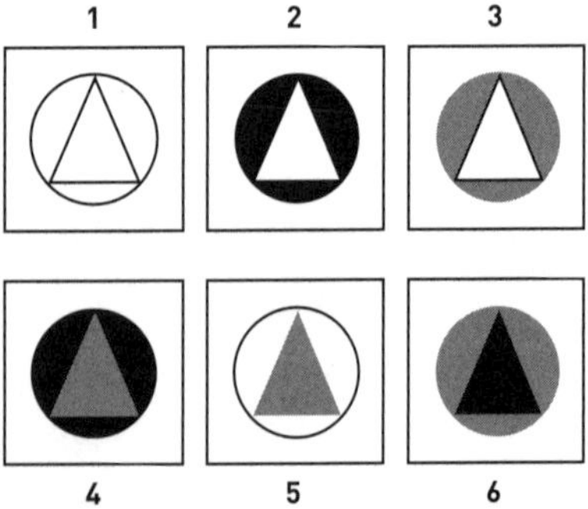

Solution : **6**

La dernière ligne répète la première dans l'ordre inverse.

Problème 17 — **Niveau de difficulté :** facile

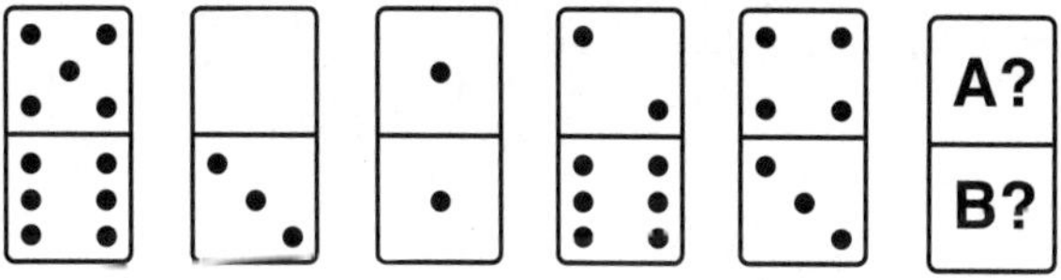

Solution : **4/2**

En alternant moitiés hautes et moitiés basses, deux progressions :

5 (4) 3 (2) 1 (0) 6 (5) 4 (3)... **2** et 6, 0, 1, 2, 3... **4.**

Problème 18 — **Niveau de difficulté :** facile

34 (T) 28 (V) 12 (D) 8 **(H)**

Solution : **H**

Les lettres correspondent aux initiales des nombres : Trente-quatre, Vingt-huit, Douze, **H**uit.

Problème 19 **Niveau de difficulté :** facile

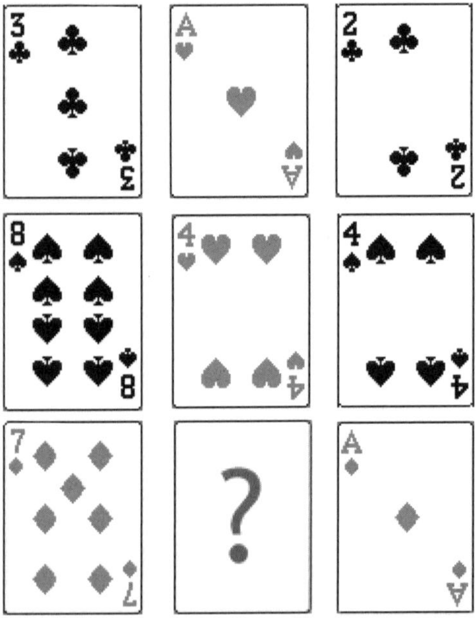

Solution : **Six de cœur**

La valeur de chaque première carte est égale à la somme des valeurs des cartes suivantes ; la colonne centrale a la même couleur : cœur.

Problème 20 **Niveau de difficulté :** facile

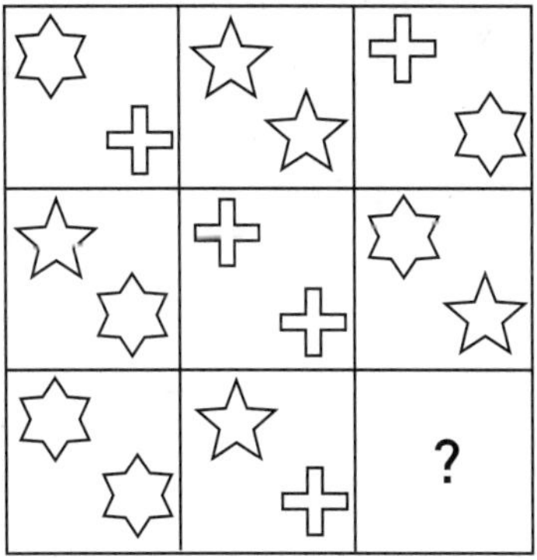

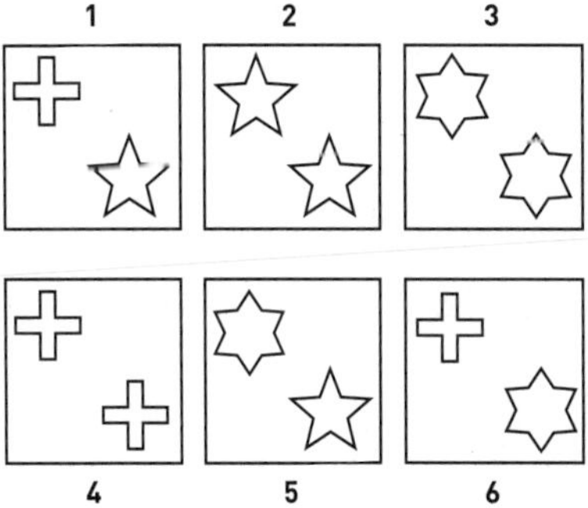

Solution : **1**

Sur chaque ligne, on retrouve deux fois un même couple de symboles inversés.

Problème 21 — Niveau de difficulté : difficile

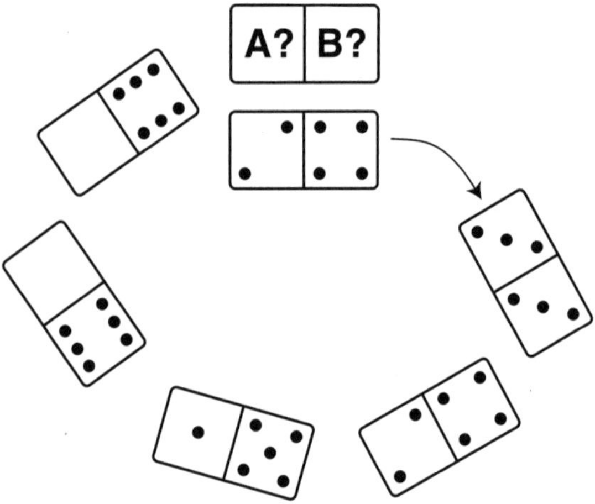

Solution : **1/5**

Deux progressions, l'une croissante pour les moitiés gauches des dominos : 2, 3, 4, 5, 6, 0... **1** ; l'autre, décroissante pour les moitiés droites : 4, 3, 2, 1, 0, 6... **5**.

Problème 22 — **Niveau de difficulté :** difficile

0	3	8	15	24	**35**

Solution : **35**

Chaque chiffre de la suite (1, 2, 3, 4, 5...) est élevé au carré moins 1 :

$1^2 - 1 = 0$; $2^2 - 1 = 3$; $3^2 - 1 = 8$; $4^2 - 1 = 15$; $5^2 - 1 = 24$; $6^2 - 1 =$ **35**

Problème 23 **Niveau de difficulté :** difficile

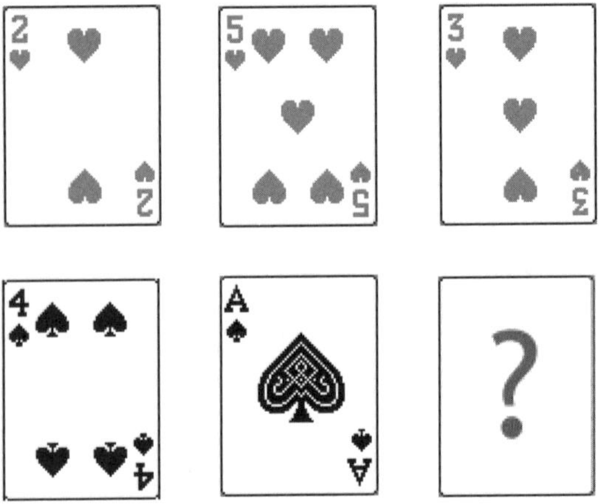

Solution : **Trois de pique**

Sur la première ligne (même couleur), la progression est de l'ordre + 3 - 2; sur la seconde, elle est inversée ; - 3 + 2.

Problème 24 **Niveau de difficulté :** difficile

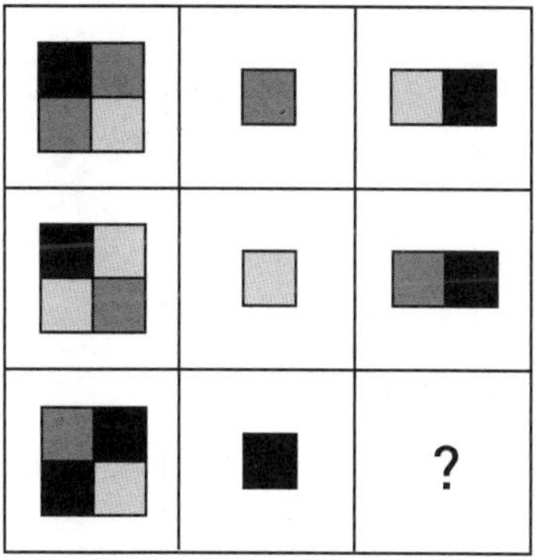

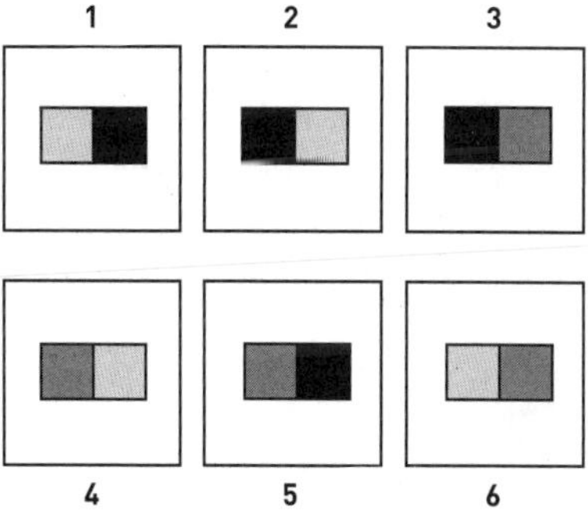

Solution : **6**

Sur chaque ligne, les motifs à droite sont formés par le carré bas droit suivi du carré haut gauche des figures de gauche.

Problème 25 — **Niveau de difficulté :** difficile

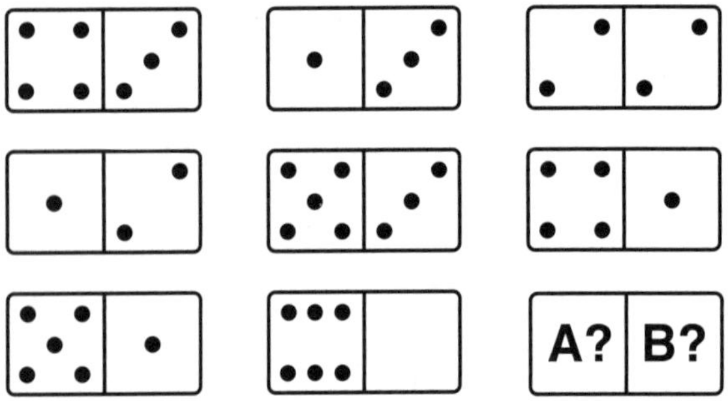

Solution : **6/1**

Les valeurs des dominos inférieurs s'obtiennent en additionnant les valeurs des dominos supérieurs pour les moitiés de gauche : 4 + 1 = 5 ; 1 + 5 = 6 ; 2 + 4 = **6** ; en soustrayant pour les moitiés de droite : 3 - 2 = 1 ; 3 - 3 = 0 ; 2 - 1 = **1**.

Problème 26 **Niveau de difficulté :** difficile

A D B E C **F**

Solution : **F**

C'est une séquence où, alternativement, on ajoute 2 lettres pour obtenir la suivante, puis on retranche une lettre : A (+ 2 = b, c) D (- 1 = c) B (+ 2 = c, d) E (- 1 = d) C (+ 2 = d, e) **F**.

Problème 27 — **Niveau de difficulté :** difficile

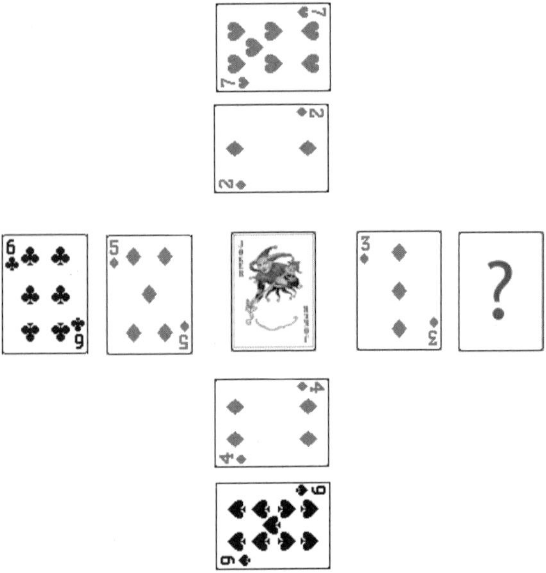

Solution : **Huit de carreau**

Les cartes se suivent : 2, 3, 4, 5, 6, 7... **8** et, à l'extérieur, les quatre couleurs sont représentées.

Problème 28 **Niveau de difficulté :** difficile

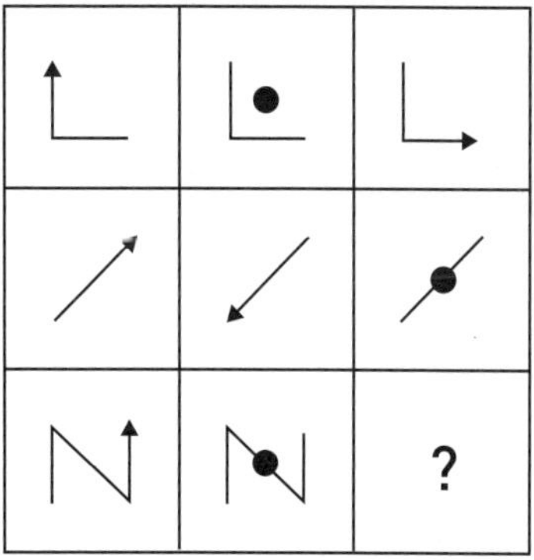

1 2 3

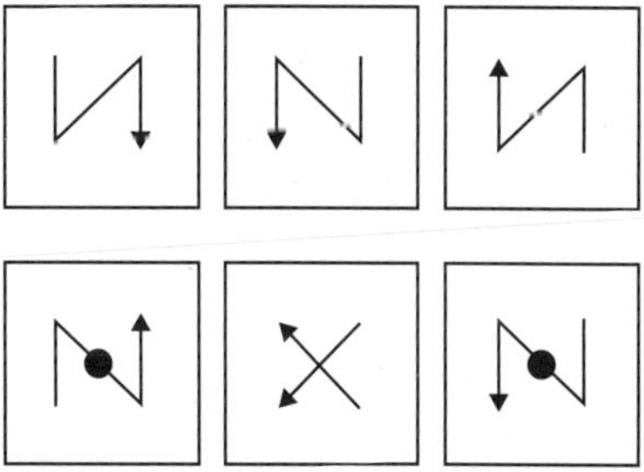

4 5 6

Solution : **2**

Sur chaque ligne, les trois mêmes motifs. Les figures avec le point ne sont pas fléchés ; sur les autres figures, la flèche a chaque fois une orientation différente.

Problème 29 — **Niveau de difficulté :** difficile

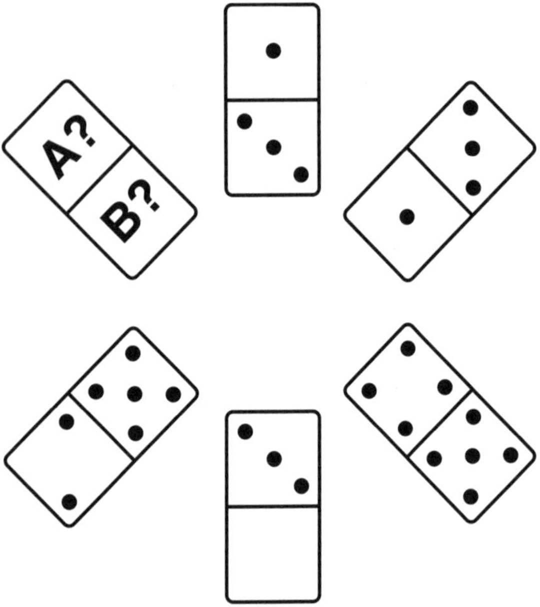

Solution : **4/6**

À l'extérieur, les valeurs progressent en sautant chaque fois une valeur : 1 (2) 3 (4) 5 (6) 0 (1) 2 (3) **4**. À l'intérieur, la somme des valeurs opposées est toujours égale à 6 : 3 + 3 = 6 ; 1 + 5 = 6 ; 4 + 2 = **6**.

Problème 30 — **Niveau de difficulté :** difficile

Z1 YX2 WV4 UTS12 RQPO**48**

Solution : **48**

À partir de Z1, les chiffres s'obtiennent dans chaque groupe en multipliant le nombre de lettres par le chiffre du groupe précédent : 1 (x 2 (YX) =) 2 (x 2 (WV) =) 4 (x 3 (UTS) =) 12 (x 4 (RQPO) =) **48**.

Problème 31 — **Niveau de difficulté :** difficile

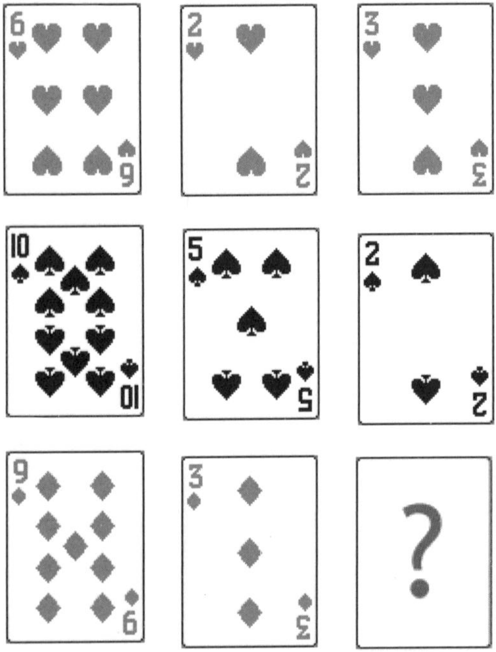

Solution : **Trois de carreau**

Les valeurs des cartes de gauche sont égales au produit des valeurs des cartes suivantes : 6 = 2 x 3 ; 10 = 5 x 2 ; 9 = 3 x **3**. La couleur est donnée par la ligne.

Problème 32 **Niveau de difficulté :** difficile

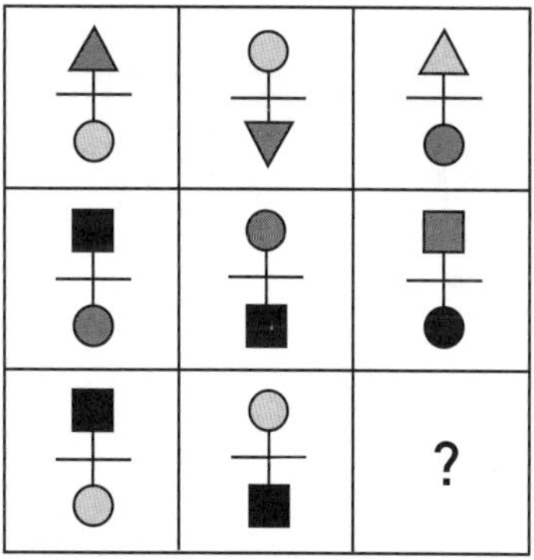

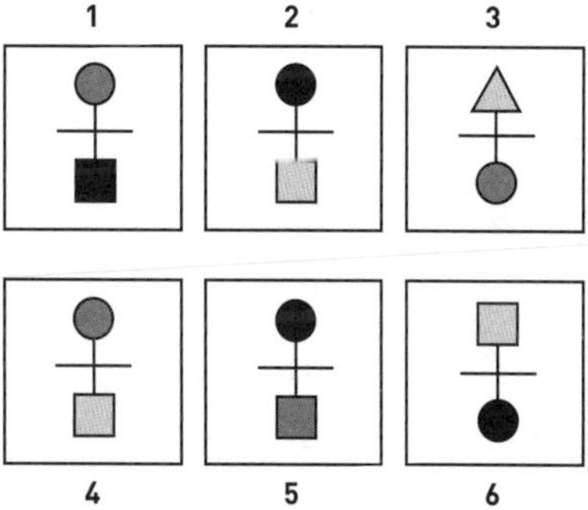

Solution : **6**

Sur chaque ligne, les figures de gauche et de droite sont inversées.

Problème 33 **Niveau de difficulté :** difficile

<u>Solution</u> : **6/0**

Deux progressions (en alternant moitiés gauches et moitiés droites), l'une croissante, qui saute chaque fois une valeur : 1 (2) 3 (4) 5 (6) 0 (1) 2 (3) 4 (5)... **6** ; l'autre, décroissante, qui saute chaque fois un nombre décroissant de valeurs : 0 (6, 5, 4, 3, 2) 1 (0, 6, 5, 4) 3 (2, 1, 0) 6 (5, 4) 3 (2) 1... **0**.

Problème 34 **Niveau de difficulté :** difficile

0	4	18	48	**100**

Solution : **100**

Une suite (1,2,3,4,5...) où chaque chiffre est élevé à la puissance 3 et diminué de son carré :
$1^3 - 1^2 = 0$; $2^3 - 2^2 = 4$; $3^3 - 3^2 = 18$; $4^3 - 4^2 = 48$; $5^3 - 5^2 =$ **100**

Problème 35 **Niveau de difficulté :** très difficile

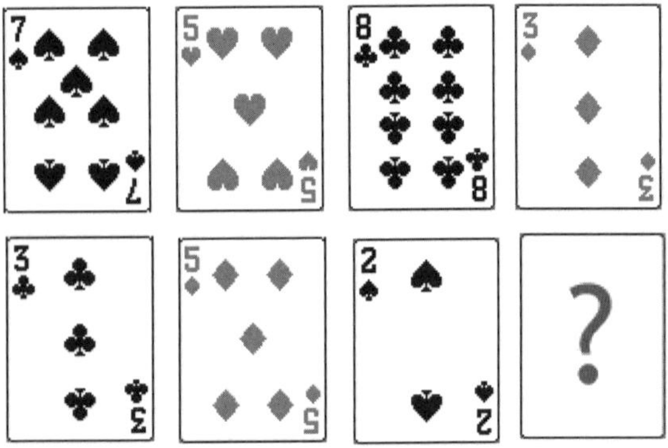

Solution : **Sept de cœur**

Les quatre couleurs sont présentes sur chaque ligne dans un ordre différent. La progression des valeurs sur la première ligne est de l'ordre : -2, +3, -5 ; elle est doublement inversée sur la seconde ligne : +2, -3, +5.

Problème 36 — **Niveau de difficulté :** très difficile

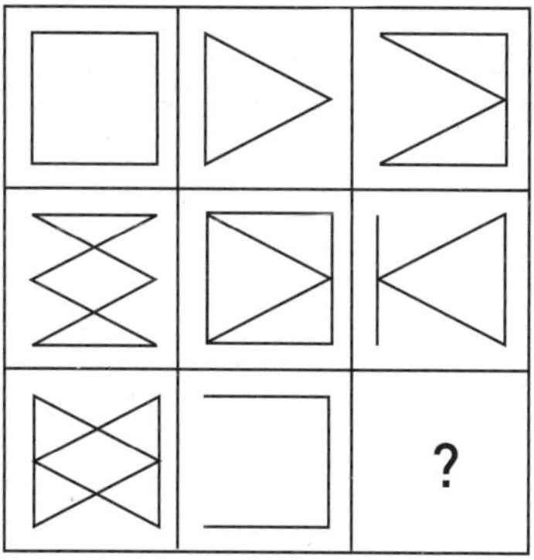

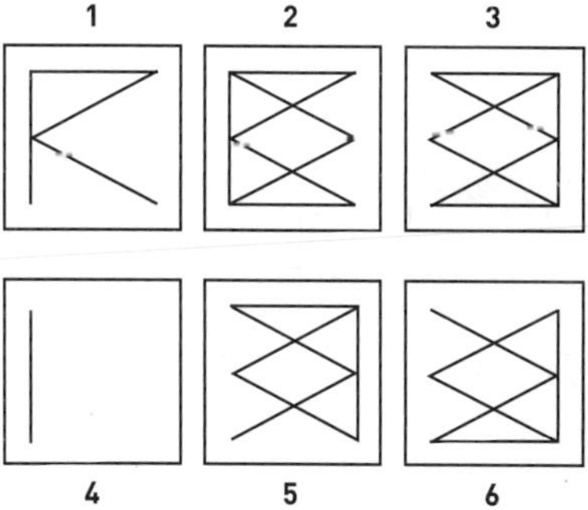

Solution : **2**

Sur chaque ligne, la figure de droite s'obtient en superposant les deux figures précédentes et en éliminant le ou les éléments communs.

Problème 37 Niveau de difficulté : très difficile

Solution : **0/6**

Deux progressions, l'une, décroissante pour les moitiés de gauche, saute chaque fois deux valeurs : 5 (6, 0), 1 (2, 3), 4 (5, 6) 0, (1, 2) 3 (4, 5)... **6** ; l'autre, croissante pour les moitiés de droite, et qui saute une valeur : 4 (5) 6 (0) 1 (2) 3 (4) 5 (6)... **0**.

Problème 38 — **Niveau de difficulté :** très difficile

A1	B2	E3	L4	**Y5**

Solution : **Y5**

Les chiffres se suivent, et leur carré moins eux-mêmes donne le nombre de lettres qui sépare chaque lettre de la suivante : A (1^2 - 1 = 0 lettre) ; B (2^2 - 2 = 2 lettres c et d) ; E (3^2 - 3 = 6 lettres f, g, h, i, j, k) ; L (4^2 - 4 = 12 lettres, m, n, o, p, q, r, s, t, u, v, w, x) **Y5**.

Problème 39 Niveau de difficulté : très difficile

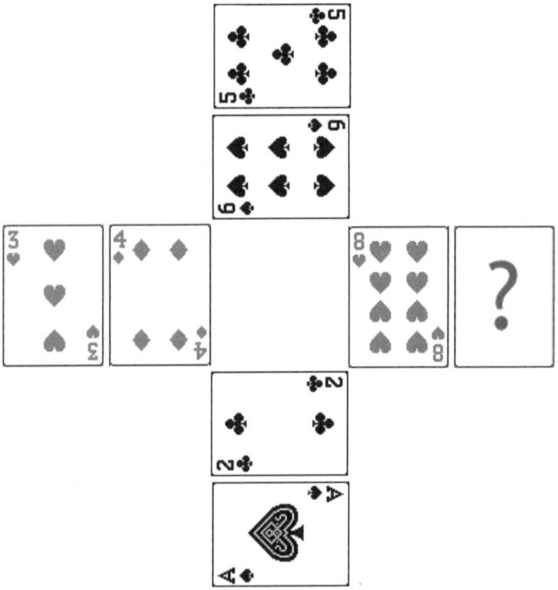

<u>Solution</u> : **Sept de carreau**

En partant du bas, les valeurs de chaque paire augmentent de 4 :
(2 + 1) + 4 = 7 (3 + 4), (3 + 4) + 4 = 11 (5 + 6), (5 + 6) + 4 = 15 (8 + **7**).
Les paires opposées présentant les deux mêmes couleurs.

Problème 40 Niveau de difficulté : très difficile

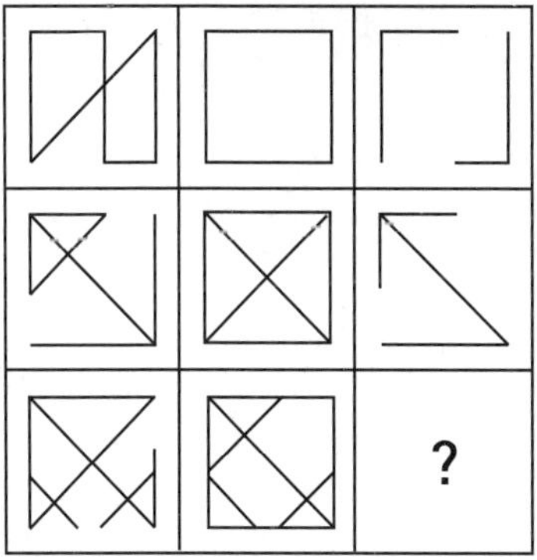

1 2 3

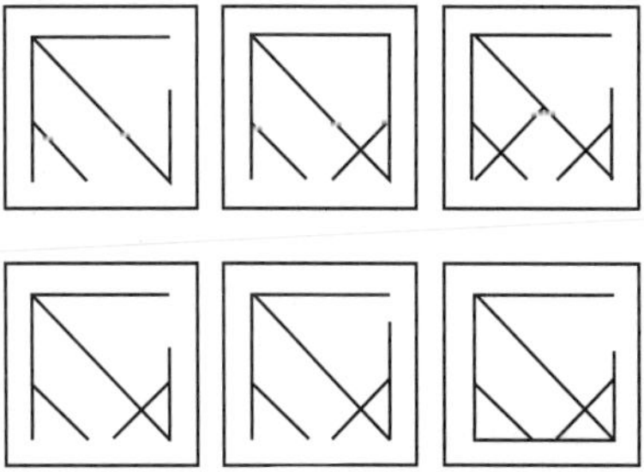

4 5 6

Solution : **4**

Sur chaque ligne, la figure de droite est obtenue en éliminant des figures de gauche le ou les éléments qui ne sont pas présents dans le carré central.

Pour calculer votre QI, c'est simple

Chaque bonne réponse vaut un point quelle que soit sa difficulté. Une bonne réponse est une réponse complète. Si, par exemple, vous n'avez trouvé que la valeur d'une seule moitié de domino ou la valeur d'une carte, mais pas sa couleur, la réponse est considérée comme mauvaise.

Comptez le nombre de bonnes réponses que vous avez données dans chaque session. Faites le total de vos points dans les deux sessions, divisez par deux et reportez-vous avec le chiffre que vous obtenez au tableau suivant :

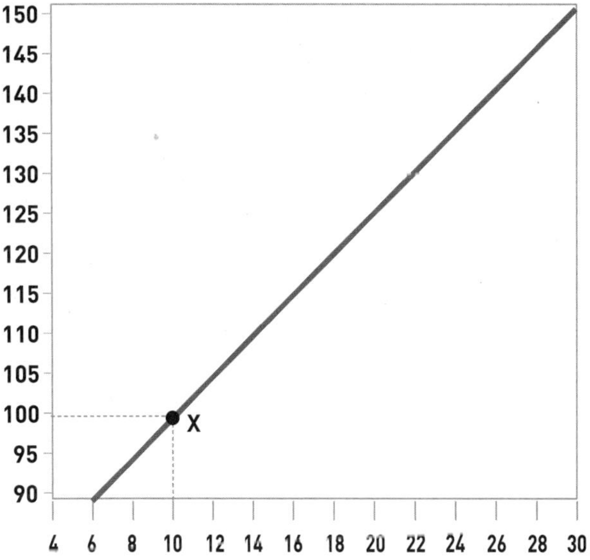

Pointez ce chiffre sur l'abscisse (horizontale) du tableau (exemple, 10), tracez à partir de ce point une perpendiculaire jusqu'à la diagonale (exemple, x) et, au point d'intersection, une perpendiculaire à l'ordonnée (verticale) du tableau : vous obtenez votre QI (exemple, 100).

Cette évaluation n'est valable que si votre score se situe dans une fourchette de 12 à 24. Il est peu probable que vous soyez au-dessous (catégorie des « sous-doués ») ou au-dessus (catégorie des « surdoués »). Si c'est le cas, il vaut mieux procéder à une nouvelle évaluation en vous rendant, par exemple, sur www.recruitment-tools.fr, un site spécialisé dans le recrutement des informaticiens, donc très pointu en matière de QI.

OÙ VOUS SITUEZ-VOUS ?

On distingue habituellement sept grands niveaux de QI.
Voici l'échelle de valeur couramment utilisée (table de Wechsler).

QI	Niveau intellectuel	Pourcentage population
69 et moins	Déficient	2,2 %
70-79	Inférieur	6,7 %
80-89	Normal faible	16,1 %
90-109	Moyen	50 %
110-119	Normal élevé	16,1 %
120-129	Supérieur	6,7 %
130 et plus	Très supérieur	2,2 %

15 TRUCS POUR STIMULER VOS NEURONES

C'est connu, les garçons sont souvent plus doués que les filles pour les tests de QI, les étudiants plus que les « adultes », les ingénieurs plus que les avocats, etc.
Mais, le QI n'est pas une valeur absolue fixée une fois pour toute.
Voici quelques conseils pour améliorer vos performances et vous faire gagner facilement quelques points.

1 À la poubelle, la calculette !

Le cerveau, c'est comme tout le reste : La fonction crée l'organe ou, comme disent les Anglo-saxons : « *Use it or loose it* » (utilisez-le ou perdez-le). Plus vos neurones travaillent, plus ils sont affûtés. Alors, à la poubelle votre calculette. (Re)prenez l'habitude de tout calculer mentalement pour stimuler votre intelligence numérique (capacités à manipuler des chiffres). Au bureau mais pas seulement. Additionnez de tête chaque fois que vous faites vos courses dans un hyper. Le compte est bon ? Verdict en passant à la caisse.

❷ Faites des concours de Scrabble

Règle : celle du Scrabble, mais on joue chacun avec son jeu (autant de jeux qu'il y a de joueurs). Celui qui a la main tire 7 lettres, les autres joueurs tirent les mêmes lettres. Le joueur qui fait le mot avec le plus de points l'emporte. Cela suppose de pouvoir composer un maximum de mots avec les lettres qu'on a en main afin de trouver la combinaison la plus payante. Par exemple, étant donné le tirage : A E I N R S T, combien de mots différents pouvez-vous faire ?

(15 anagrammes différentes : arisent, entrais, insérât, ratines, résinât, riantes, satiner, sentira, sériant, serinât, taniser, tarsien, traînes, transie et tsarine.)

❸ Regardez des films en VO non sous-titrés

Votre anglais est moyen ou même nul ? Louez de temps en temps une VONST (version originale non sous-titrée). Excellent pour stimuler vos capacités cognitives supérieures (raisonnement et intuition). En plus, ça vous fait pratiquer. Même principe : regarder la télé, les infos, des films en coupant le son. Vous devenez hypersensible aux signaux non verbaux et c'est très bon pour développer intuition et intelligence émotionnelle.

4 Regardez le ciel

Trouver la Grande Ourse, la Petite, repérer l'étoile Polaire, l'étoile du Berger (Vénus)... Pas la peine d'investir dans une lunette pour jouer au petit astronome amateur (mais pourquoi pas plus tard). Tous ces exercices sont très stimulants pour votre intelligence spatio-visuelle et votre mémoire. Pratique aussi si vous vous perdez en forêt ou en mer. Vous n'êtes pas convaincu ? Un dernier argument pour les garçons : pas une fille qui ne craque pas au clair de lune devant une démonstration de talents astronomiques.

5 Faites une cure zen

Nos performances intellectuelles dépendent pour beaucoup de notre état émotionnel. Envahi par l'émotion (peur, colère, etc.), on fonctionne moins bien. Les sportifs de haut niveau, comme les astronautes de la Nasa ou les membres du GIGN, s'entraînent à « penser » dans des conditions extrêmes pour être certains que, le moment venu, ils seront au plus haut de leurs capacités. Comment faire comme eux ? En vous mettant, par exemple, à la méditation ou au yoga.

6 Buvez du jus de kiwi

C'est le fruit le plus riche en vitamine C. Or, celle-ci est nécessaire à la synthèse des neurotransmetteurs chimiques de l'éveil et de l'attention. Une étude britannique a montré une corrélation entre le taux de vitamine C dans le sang et le niveau de QI non verbal chez les garçons. Le kiwi est aussi riche en fer et tous les tests montrent un ralentissement mental chez les ados carencés. Ils sont moins attentifs, traitent moins rapidement l'information et obtiennent des scores de QI globalement moins élevés que ceux qui ne le sont pas.

7 Misez sur les poissons gras

Thons, saumons, maquereaux, harengs, anguilles... Ils sont tous très riches en acides gras oméga 3, indispensables au développement des cellules nerveuses. Plusieurs études montrent que les enfants supplémentés en acides gras traitent plus rapidement l'information et réalisent de meilleurs scores aux tests de résolution de problèmes, paramètres dont dépend le niveau du QI plus tard. Le poisson, bon pour l'intelligence, c'est sans doute ce qui a accrédité, depuis le XIXe siècle, l'idée fausse que le phosphore (les poissons en sont riches) avait une action stimulante sur les performances cérébrales.

8 Posez votre candidature à la Mensa

Créée en 1945 à Oxford, la Mensa est le club très fermé des QI élevés (+ de 148). En tout, environ 110 000 membres à travers le monde, dont 850 en France. Pour en faire partie, il faut se soumettre à une batterie de tests d'intelligence hyper pointus et démontrer une intelligence supérieure à 98 % de la population. Même si vous n'êtes pas sûr d'être au niveau, ça vaut la peine d'essayer. Ne serait-ce que parce que cela vous oblige à vous entraîner.
Contact : Mensa France.

9 Mâchez du chewing-gum

Pourquoi perd-on la mémoire en vieillissant ? Parce qu'on mâche moins. C'est la conclusion de plusieurs études menées par les spécialistes du vieillissement à travers le monde. Grâce à l'IRM, ils ont montré que mastiquer stimulait l'activité cérébrale. Bref, pour garder ses neurones en forme, rien de mieux qu'un bon vieux chewing-gum.

10 Dormez comme un bébé

On sait depuis longtemps que le sommeil joue un rôle dans tous les processus d'apprentissage. Mais la plupart des chercheurs sont aussi d'accord aujourd'hui pour penser que, tous les processus cognitifs nécessaires à la survie de l'individu et de l'espèce étant programmés dès la naissance dans le système nerveux central, dormir permet d'activer ces programmes par le biais du rêve, un peu comme quand on clique sur la touche « Redémarrer » de son ordinateur. Alors, évitez les excès de protéines le soir et optez pour des sucres lents (pâtes, riz complet), qui préparent au sommeil.

11 Mangez des épinards

Pauvres en fer (contrairement au mythe « Popeye », ils ne rendent pas plus fort), les épinards sont en revanche très riches en acide folique ou folates (vitamines B 9) indispensables au bon fonctionnement intellectuel. La carence en acide folique se traduit par des troubles de la concentration et de la mémoire. Les folates se trouvent aussi à haute dose dans toutes les feuilles sombres (salades, légumes) ainsi que dans le foie, les poissons, surtout le thon, les œufs et certains fruits comme la banane et la châtaigne.

12 Respirez yogi

Pas de miracle : un cerveau qui fonctionne bien, c'est un cerveau bien oxygéné. Et la manière la plus simple pour ça, c'est de bien respirer. La technique yogi pour une oxygénation maximale : ouvrez votre plexus (à la jonction des côtes, en bas de votre cage thoracique) en basculant les épaules en arrière et en poussant avec votre ventre. Respirez profondément et gardez l'air pendant deux-trois secondes. Ensuite, soufflez complètement et attendez deux-trois secondes avant d'inspirer à nouveau. Et, pour peaufiner : ouvrez la bouche une ou deux secondes de temps en temps. Ça fait jouer des muscles qui massent les nerfs crâniens et ça permet aussi de « décompresser » le cerveau.

13 Faites une cure de Ginkgo

Le ginkgo biloba est une espèce d'arbres parmi les plus anciens du monde. Utilisé depuis 3 000 ans par la médecine chinoise, le ginkgo est l'une des plantes les mieux connues au plan pharmacologique. Stimulant le système vasculaire et l'oxygénation du sang, il a des effets positifs sur l'activité cérébrale (attention, concentration, mémoire à court et long terme...). Quelques jours suffisent pour se sentir l'esprit plus clair et plus actif. Cerise sur le gâteau : une sexualité meilleure. Le ginkgo favorise la circulation sanguine aussi bien dans les capillaires du bas-ventre que dans ceux du cerveau.

14 Branchez-vous sur votre hémisphère droit

Le cerveau fonctionne au courant alternatif. L'hémisphère gauche est logique, raisonnable par nature ; le droit est intuitif, créatif. Les hommes ont souvent trop tendance à ne faire marcher que la partie gauche. Comment stimuler plus souvent son cerveau droit et fonctionner à plein ? Facile. Fixez votre attention sur un objet ou une surface de couleur claire et comptez très lentement jusqu'à vingt. À vingt, fermez les yeux et visualisez pendant dix minutes l'objet ou la surface en question. Au bout de dix minutes, ouvrez les yeux : vous êtes branché sur votre cerveau droit. Autre moyen : fermez les yeux pendant quelques secondes. En « coupant l'image », vous « basculez » automatiquement de votre cerveau logique à votre cerveau émotionnel.

15 Massez les points du Bouddha

Situés de part et d'autre du nez dans les creux des pommettes (cherchez avec vos doigts, c'est là où ça fait mal quand on appuie), les points du bouddha, aussi appelés points de la sérénité, sont censés avoir une action stimulante sur les fonctions cérébrales supérieures. Ils éveillent l'intelligence (bouddha = « éveillé », en sanscrit). Alors, faites comme les Chinois, massez-les chaque matin avant de démarrer.